〝発達障害もしれない人〟ともに働くこと

野坂きみ子
Nosaka Kimiko

幻冬舎MC

はじめに

大人の発達障害について知られるようになりましたが、私にはどうも納得いかないことがふたつほどあります。

大人の発達障害は、大人になってから発達障害であることがわかったということで、そのほとんどが、就職後明らかになります。大人の発達障害と言われ理解が進んでくると、30代、40代、あるいはそれ以上の年代の人も、ひょっとしたら自分は発達障害なのではないかと思うこともあるでしょうし、また診断のつく人も多くいると思います。しかし、これほど注目されるようになったのは、アルバイトでも新卒採用でも働き始めた時、仕事自体や人間関係でどうもうまくいかないと感じ、そのうまくいかなさが発達障害の特徴として認識されるようになったので、一層目立つようになったのだと思います。そのため大人の発達障害が問題となるのは、職場です。どうも納得のいかないことのひとつは、職場においては発達障害の人だけではなく、周りの人も悩み苦しんでいますが、そのことはあまり知られていないということです。そしてもうひとつは、最近は発達障害者への対応の仕方についてたくさん言われていますが、職場で問題となるまさにその時には役に立たないのではないかということです。

私は30年余り精神科を含めいくつかの病院の相談員をしてきました。その後3年ほど障害者の就労支援の仕事をし、現在はメンタルクリニックに勤めています。

メンタルクリニックには、仕事上のことで精神的不調をきたし、受診する人が多くいます。発達障害の人もいますし、抑うつ障害の人もいます。職場の人間関係で不調をきたす人もいますし、上司の圧迫やハラスメントもありますが、その中には発達障害と思われる人との関係で、うつ症状になり職場に行きたくない、行けない、頭痛や吐き気、不眠などさまざまな症状を呈し、休職やついに退職に至る人もいます。配偶者など親しい関係において精神的身体的症状に至る、カサンドラ症候群（※）が知られるようになりましたが、職場においてもつらい思いをしている人がいます。

仕事がうまくできない、周りの人とうまくつきあえないなどで悩み精神的不調をきたし受診したところ、発達障害だとわかる人もいますが、発達障害と思われる人に反応し具合が悪くなり受診する人もおり、両方の人がいるのです。

発達障害の人を責めるとかそういうことではなく、事実として、職場の中で発達障害の人も発達障害の周りにいる人も、同じようにメンタルクリニックを受診してきます。発達障害に注目が集まっていますが、周りの人のつらさはあまり知られていません。メンタルクリニックを受診するに及んでは、発達障害があってもなくても、患者さんとして違いはありません。

もうひとつ、発達障害の人への対応や配慮の仕方についてですが、それらについて知ることは発達障害者を障害者雇用として採用した場合、就労支援として、また合理的配慮として重要なことです。

しかし、職場で発達障害かもしれないと思ったとしても、決めつけることはできませんし、診断もできません。また本人も、自覚がない場合もありますし、そうかもしれないと思っていたとしても、はっきりと理解することはできません。問題が発生し始めた時は、発達障害だと認めることはできず、その対応を取ることもできません。

また、発達障害の人も周りの人も、同じように採用された一職員です。仕事をしていく中で、発達障害かもしれないと思っても、特別に配慮したりはできません。職員として同等ですから、周りの人も発達障害かもしれないと思っても、業務上の支援をするような立場にはありません。

発達障害への対応についてたくさん書かれていると、そのようにしなければならないという気持ちになってしまいますが、そうかもしれないことへの対応を求めるのは、無理があり、職員として対等ではなくなります。たとえば、冷え症かもしれない女性社員がいるので冷房の温度を高く設定する。心臓病かもしれない社員には荷物を持たせない。冷え症なのか、心臓病なのか決められないのに、暑がりの社員、荷物を二倍持たなければならない社員はどうしたらよいでしょう（まぁ、冷え症か心臓病かは、聞けばわかりますけど……）。

発達障害への対応についての提言は、そもそも前提が違います。発達障害と診断された後と、発達障害かもしれない、わからないという時点での問題は、実際の現れ方と困り方が違います。発達障害と診断され精神障害として認められれば、社会的にも障害として認められます。その時点ではじめて、本人と職場の合意をもとに、どのように対応していくか考えることができます。職場は、家庭でも学校でもありません。本人のプライバシーや人権にも関わりますから、はっきりしないうちから、対応はできませんし、求めることもできません。

昨今は、グレーゾーンという言葉もありますが、発達の凸凹が、明らかに障害とわかる人から一般の人までグラデーションのようにあり、判断の難しい障害です。そのため、あいまいな印象と、誤解や不安を与えやすいと思います。

職場で起きている人間関係の事実と、働くことと発達障害、これら一連のことをどのように考えていったらよいのか探っていきたいと思います。

本書では、職場で出会う発達障害かもしれない人たちのことを、「発達障害の傾向がある人」と呼ぶことにします。発達障害の傾向がある人にも周りの人にも、どちらかに肩入れする話ではありません。両方の人たちの悩みや苦しさには、人間関係的な閉塞感を感じ、少しはオープンに考えることができ、ともに、病まずに、生きていくことはできないものかと思っています。

※カサンドラ症候群

カサンドラ症候群のカサンドラは、ギリシャ神話に出てくる王女の名前である。太陽神アポロンに愛され予知能力を授かるが、その予知能力でアポロンの愛が失われることを知り、アポロンを拒絶する。それに怒ったアポロンは「カサンドラの予言は誰も信じない」という呪いをかける。カサンドラは真実を知って伝えても、誰にも信じてもらえなかった。真実を言っても信じてもらえないところから、カサンドラ症候群の名前がついた。

カサンドラ症候群は、主にアスペルガー症候群（現在は自閉症スペクトラムと呼ばれている）のパートナーと情緒的な相互関係を築けず、精神的身体的症状を呈している状態をさしているが、1990年代以降アメリカで言われるようになり、日本においても認識されるようになってきた。パートナーのつらさが周りの人にわかってもらえないことから、カサンドラ症候群と名づけられた。しかし、アスペルガー症候群のみならず発達障害の人と接する時の悩みは、第三者にわかってもらえないということは共通していると言える。

第1章　「発達」と「障害」

発達障害と発達心理学

発達障害の話をしていて、発達心理学の説明を求められました。長く医療現場にいますと少し意外な感じもしましたが、そうか、発達障害も発達心理学も同じ「発達」だからそんなふうに聞かれることもあるのか、と思いました。

発達心理学は、たくさんある心理学の分野のひとつで、発達障害は医療や療育（保育と教育が一緒になった実践領域）、福祉の対象となる障害名です。

心理学には発達心理学のほか教育心理学、社会心理学などいろいろありますが、発達障害に医療や福祉の現場で対応しているのは臨床心理学です。臨床心理学は臨床心理士が、検査、治療、研究に当たっています（現在は公認心理師に変わってきています。臨床心理士は長く臨床心理士資格認定協会の認定資格でしたが、医療機関で働いている臨床心理士の仕事を診療報酬に位置付ける意図もあり、2015年公認心理師法が成立し2017年に施行、公認心理師という国家資格になりました。すでに医療機関で働いていた臨床心理士も順次国家資格を受け公認心理師資格を取得していますので、今後臨床心理士は公認心理師に吸収されることになると思います）。

では、発達心理学と発達障害は関係ないのかといわれるとそうでもないのですが、おもには子どもの時の発達状況を見て発達の障害がないのかどうか考える基準にはなります。発達心理学の中では発達障害の概念はもっと広く、一般的な定型の発達はもちろんですが、障害分野でも脳性まひや身体障害、知的障害、そして社会性の発達に関する自閉性の発達障害、子どもの発達に関し幅広く見ます。

いま、精神科領域における発達障害、それも大人の発達障害について考えようとしているので、少し焦点が異なります。大人の発達障害の判断にも、子どもの時の発達の状況は重要なポイントですので、発達心理学と関係ないということではありませんが、実践領域は異なります。

少し、発達心理学についてふれてみましょう。

20世紀の初めまで児童という概念はなく、小さな大人と認識されていました。その昔は日本でも、子どもは幼児を過ぎれば大人で、7歳までは神のうち、7歳過ぎれば労働力として数えられました。しかしその後、児童は小さな大人ではなく、成長、発達に適切な配慮が必要な存在であると認識され始め、児童の発達について研究がなされるようになります。それに続き、人の一生、生まれてから死ぬまでどのような心の発達をするのか研究が進みます。

子どもは子どもとして考え、処遇されるべきだし、子どもの時からすでに心理的な発達があり、それは大人まで続くのだから人間一生涯において考えるべきだと考えられるようになりました。教科書によく出てくる研究者としては、Ｓ・フロイト（１８５６‐１９３９）はじめ、Ｊ・ピアジェ（１８９６‐１９８０）、Ｌ・ヴィゴツキー（１８９６‐１９３４）、Ｅ・Ｈ・エリクソン（１９０２‐１９９４）などがあげられます。

これらの研究者はおもに20世紀の前半で活躍しました。考え方としては、人の一生はその時期に応じた変化や発達があり、その時々心も変化、発達をするというものです。研究者によって多少違いますが、年齢で区分し発達段階としました。発達段階を最初に提唱したのはＲ・Ｊ・ハヴィガースト（１９００‐１９９１）と言われていますが、その発達段階によると、乳幼児期、児童期、青年期、壮年期、中年期、老年期となっており、その発達段階での発達課題が示されています。

概要を見てみますと、

・乳幼児期（生後から5歳）歩く、固形物を食べる、話す、排泄できる等
・児童期（6歳から12歳：小学生の時期）体を使って遊ぶ、仲間と遊ぶ、一般的な読み、書き、計算ができる等
・青年期（13歳から22歳：中学生から大学卒業くらいの時期）第２次性徴による体の変化を受け入れる、男性、女性としての社会的役割を達成する、出生家族から情緒的に独立する、経済的独立の目安を立てる等
・壮年期（23歳学業終了から40代前半）配偶者の選択、結婚生活の学習、子育て等
・中年期（40代、50代）大人としての社会的責任を果たす、一定の経済水準を確保、維持する、加齢の変化を受け入れる、老親の変化に対応する等
・老年期（60代以降）老化の適応、退職の適応、配偶者などの死に向き合う等
研究者によって発達段階の名称や年令区分は若干違いますが、大筋では、このようなものです。

その発達段階の発達課題を達成していくことが、昔は正常発達と呼ばれていましたが、現在は「定型発達」と呼ばれています。達成しなければ正常ではないという考え方が現実的ではなく批判的にとらえられてきたからだと思います。

ハヴィガーストが提唱した発達段階と課題

ハヴィガーストは、生まれてから死ぬまでを６段階に区切り、それぞれの段階で達成することが求められている課題を提唱した

老年期	●肉体的な力の衰退に適応する ●退職（引退）と収入の減少に適応する ●配偶者の死に適応する　など
中年期	●大人として市民的・社会的責任を果たす ●一定の経済的生活水準を確立し、それを維持する ●生理的な変化を受け入れて適応する ●年老いた両親に適応する　など
壮年期	●配偶者を選択する ●配偶者との生活を学習する ●子どもを育てる　など
青年期	●第２次性徴によるからだの変化を受け入れる ●男性、女性としての社会的役割を達成する ●情緒的な独立を果たすとともに、経済的な独立の目安を立てる　など
児童期	●日常的な遊びに必要な身体的技能の学習 ●遊び仲間とうまくつき合うことができるようになる ●読み・書き・計算の基礎的な能力が発達する ●個人的独立を果たす　など
乳幼児期	●歩くことができるようになる ●固形物を食べられるようになる ●話すことを学習する ●排泄習慣を身につける（トイレットトレーニング）　など

現在、発達心理学というと乳幼児期から思春期くらいの話題が多いです。青年期以降になるとどうもはっきりと言えなくなります。青年期の男女の社会的役割といっても、現在、ジェンダーは評判が悪いですから、そのままでは受け入れられないでしょう。

また、およそ社会に出てからアラフォーくらいをさす壮年期、私が学生の頃は「性的にも社会的にも成熟し、伴侶を見つけ、出生家族から形成家族に移行する」と習いましたが、現代では

未婚率も高いし価値も一様ではないし、困ります。

もちろん人は生涯を通じて変化し、その年代の心の変化や特徴的な心理もあるでしょう。しかし発達課題として提示されると、その時代のライフコースを下敷きに考えられていることがわかります。

発達心理学は魅力があり、多くの人が興味のある分野のようです。しかし発達障害を考えるに及んで、誤解を含む可能性は否めません。先にあげたように、乳幼児期には母親や他人の識別、言語の獲得、児童期には集団性、社会性の獲得などが発達課題としてあげられますが、発達障害のある子はなかなか達成できません。それに対して、それぞれの発達段階の発達課題の達成が障害されたから発達障害になったのだという考えに結びついてしまうかもしれません。

発達障害の発達は、誕生以降加齢によって前進する発達というよりも、生来の脳神経的特性として、ある種の発達が障害されている状態に関することです。発達心理学的に、その発達時期における家族や学校の対応がまずかったので、大人になってからは職場や家庭の対応がまずかったので、発達が障害されたということではありません。

現在は多くの研究によって、生来の脳神経的な問題であることが認識されています。もちろん人に関することですから、成育歴の中で症状の増悪などの影響もありますが、基本的に親などによって発達が妨げられたから発症したということではありません。

本来的な発達心理学の意図ではなくとも発達課題は達成すべきものだという観念、あるいはこう育てたらこうなるというような因果論的な考え方は、これまでも発達障害の子どもを持つお母さんたちがさらされてきた、育て方が悪かったからではないかという誤謬につながります。

そうではないのです。

現在、発達障害は脳神経の問題として社会性やコミュニケーションや認知など、ある種の発達が障害される、先天的な障害であるとの認識に至っています。

だからといって、まったく変化しないとか成長しないと言っているわけではありません。発達課題の達成というような成長発達でなくとも、日々変化、成長します。それはすべての人においても同様です。それぞれの発達段階の発達課題を完璧に達成してきたという人はおらず、この時期にこの発達課題を達成するのが当然だということでもありません。ひとつの指標です。不安をあおる材料となるのであれば、それはつらいことです。

そしてまた、障害だから状態は変わらないというもの誤解です。身体障害においても、視覚障害のある人は白杖を使い戸外も歩けますし、点字で小説も読めます。聴覚障害のある人は口唇を読んで何を言っているのかわかりますし、手話でたくさんおしゃべりもします。

障害は多義的な概念です。障害されている部位があるという事実と、それがどのように機能しているのかという状態と、生活するうえでどのような不都合があるのかという状況があります。それはまた、ずっと同じ状態ではありません。加齢によっても、環境の変化、治療や努力によっても変わります。

障害の考え方

障害についてどのように考えたらよいのか、現在なお試行錯誤があると思いますが、これまでどのように考えられてきたのかふれたいと思います。

まず、公的に出されているものに世界保健機構（ＷＨＯ）の分類があります。

１９８０年に出された「国際疾病分類（ＩＣＤ*）」（もともとは１９００年に死因の統計のために作られたものです。疾病分類としてコードがあるので、日本の医療でも使われており、保険診療請求の時はこのコードを使用しなければなりません。）で、ＩＣＤの補助として「国際障害分類（ＩＣＩＤＨ*）」が発表されました。

ここでは、疾病や何らかの不調（disease, disorder）があり、それによって受傷、損傷（impairment）があり、それが障害（disability）に至り、そして社会と関わる時の社会的不利（handicap）があるという構造です。これが出された時は新鮮で、障害はこのように分類して考えると全体像が見えるのか、そして障害の中に社会的不利を入れるという社会的責任を認め、社会福祉的に障害を理解していくのだなと思いました。

そしてその21年後、ＷＨＯは２００１年に「ＩＣＦ（International Classification of Functioning, Disability and Health）」を採択しました。そのまま言うと機能することと障害と健康の国際的な分類ですが、日本では「国際生活機能分類」となっています。詳しい内容については厚生労働省のホームページをご参照いただきたいのですが、ＩＣＩＤＨでは、これまでマイナスの要素に目が行っていたのでプラスの要素で考えて行くということで、健康については心身機能・身体構造、それに伴う機能障害、そして生活の側面では活動・参加でそれに対しての制限や制約を着眼点とし環境的因子も項目としてあげています（図表１）。

障害が心身機能・身体構造という理解になり、○○障害ではなく個々の状態に着目し個別性と流動性のある実態に近くなっており、社会の中で生活をするという側面で構成されています。時代の流れを感じますが、考え方として複雑になり障害として描きにくくなったようにも感じます。

（厚生労働省ホームページ　https://www.mhlw.go.jp/houdou/2002/08/h0805-1.html）

※ＩＣＤとＩＣＩＤＨは、正式名称が長いのでこちらに記載しておきます。

図1　ＩＣＦ構成要素の概観

定義

健康との関連において

心身機能（body functions）とは、身体系の生理的機能（心理的機能を含む）である。

身体構造（body structures）とは、器官・肢体とその構成部分などの、身体の解剖学的部分である。

機能障害（構造障害を含む）（impairments）とは、著しい変異や喪失などといった、心身機能または身体構造上の問題である。

活動（activity）とは、課題や行為の個人による遂行のことである。

参加（participation）とは、生活・人生場面（life situation）への関わりのことである。

活動制限（activity limitations）とは、個人が活動を行うときに生じる難しさのことである。

参加制約（participation restrictions）とは、個人が何らかの生活・人生場面に関わるときに経験する難しさのことである。

環境因子（environmental factors）とは、人々が生活し、人生を送っている物的な環境や社会的環境、人々の社会的な態度による環境を構成する因子のことである。

出典　厚生労働省ホームページ「国際生活機能分類―国際障害分類改訂版―」

表1 ICFの概観

<table>
<tr><td></td><td colspan="2">第1部：生活機能と障害</td><td colspan="2">第2部：背景因子</td></tr>
<tr><td>構成要素</td><td>心身機能・
身体構造</td><td>活動・参加</td><td>環境因子</td><td>個人因子</td></tr>
<tr><td>領域</td><td>心身機能
身体構造</td><td>生活・
人生領域
（課題、行為）</td><td>生活機能と障害への外的影響</td><td>生活機能と障害への内的影響</td></tr>
<tr><td>構成概念</td><td>心身機能の変化
（生理的）
身体構造の変化
（解剖学的）</td><td>能力
標準的環境における課題の遂行
実行状況
現在の環境における課題の遂行</td><td>物的環境や社会的環境、人々の社会的な態度による環境の特徴がもつ促進的あるいは阻害的な影響力</td><td>個人的な特徴の影響力</td></tr>
<tr><td rowspan="2">肯定的側面</td><td>機能的・構造的統合性</td><td>活動
参加</td><td rowspan="2">促進因子</td><td rowspan="2">非該当</td></tr>
<tr><td colspan="2">生活機能</td></tr>
<tr><td rowspan="2">否定的側面</td><td>機能障害
（構造障害を含む）</td><td>活動制限
参加制約</td><td rowspan="2">阻害因子</td><td rowspan="2">非該当</td></tr>
<tr><td colspan="2">障害</td></tr>
</table>

ICD: International Statistical Classification of Diseases and Related Health Problems

ICIDH: International Classification Impairments Disabilities and Handicaps

社会制度の枠組み

このように国際的には、障害の考え方について前進的な概念が提示されています。わが国も、障害者総合支援法（平成24年）など大きく変貌してきたところですが、これまでの経緯も含め見てみましょう。

まず、障害について基本的な考え方として、先天性障害と後天性障害があります。先天性障害は生まれ持った障害のことであり後天性障害とは生まれてから得た障害のことです。

現在法制度的には、障害は身体障害、知的障害、精神障害の三つで考えられていますが、精神障害は平成5年の障害者基本法ではじめて障害として含まれ、現在の三障害になりました。

障害の認識、枠組みは戦後変化し続けてきました。三障害の中で最も古い法律は、身体障害者福祉法（昭和24年）です。戦後多くの傷痍軍人がおり対応が急務であったことが伺えます。障害は視覚障害、聴覚障害、肢体障害などに分かれていますが、切断など目に見えてわかるものと視覚検査や聴覚検査のように検査でわかるもので、医学的に判定し、身体障害者手帳を発行することによって障害者と認定します。現在、手帳の障害等級は7級までありますが単独手帳を発行するのは6級までで、1級が最重度です。障害者手帳が交付されると、社会福祉の対象として公的な助成やサービスを利用することができます。社会保障として重要なことであり、該当になるかどうかで個人の福祉的利益も左右されます。

知的障害の法律ははじめ精神薄弱者福祉法（昭和35年）として登場しました。その後知的障害者福祉法（平成10年）に名称変更となりますが、対象はほぼ先天性障害で児童相談所等の判定により障害が認定され手帳が発行されます。療育手帳という名称が多いですが、自治体によっては愛の手帳という所もあります。等級はA判定、B判定のふたつで表記する所が多いですが、東京都は1～4度で、A判定、1度のほうが重度です。判定は知能検査等の検査と総合的判断によります。

本書で関係のある精神障害については紆余曲折があります。戦前も精神病院法（大正8年）など精神障害に関する法律はありましたが、戦後社会制度の枠組みとして登場したのは精神衛生法（昭和25年）です。福祉法ではありません。

昭和39年のライシャワー事件（精神疾患のある青年がアメリカ大使のライシャワーに傷害を負わせた事件）により精神衛生法が改正され、通院医療費の公費負担が始まりました。入院も強制入院や保護入院、任意入院などに分かれていました。公費の助成とともに、精神病者の把握もできました。

その後、昭和59年宇都宮病院事件（精神病院の職員の暴行により入院患者が死亡した事件）が海外からも批判を受け、精神保健法（昭和62年）の制定に至っています。それまで社会防衛的な視点が強く、何らかの事件がなければ改正されてきませんでしたが、精神障害者が福祉の対象として考えられるには精神保健福祉法（正式名称は精神保健及び精神障害者福祉に関する法律、平成７年）の制定まで待たなければなりませんでした。

精神保健福祉法によって精神障害のある人にも手帳が発行され、障害として認定されることになりました。等級は１級から３級、１級が最重度です。精神疾患において医療検査機器で検査が可能なのはてんかんの脳波くらいですから、精神科医の診断によって等級が決まることになります。

そして特徴的なことは、名称が精神障害者手帳ではなく精神障害者保健福祉手帳であることと、2年の有効期限がついていることです。身体障害者手帳も療育手帳も期限はありません（身体障害で障害がなくなればこの限りではありませんが）。2年ごとに更新することになります。

そして発達障害が手帳の該当となったのは、障害者総合支援法（平成25年）以降です。障害として認められるということにおいても、精神障害はかなりあとで、その扱いも流動的なものであることがわかります。それでも社会防衛的観点から、福祉の観点に少し進んだことになります。

障害の認定

いつ障害が認定され、手帳が発行されるかですが、先天性障害については判定後すぐ申請できますし、また身体障害の非可逆的障害（手足の切断など戻ることがないと考えられる障害）も診断され状態が落ち着けば、診断書を書いてもらい申請できます。

それ以外、何らかの疾病により障害が残った場合は、６ヵ月の経過後になります。障害手帳においては初診から６ヵ月目を障害認定日と言います。障害認定日以降に診断書を書いてもらい申請します（ちなみに障害年金は１年６ヵ月を障害認定日としています。法律によって異なります）。

考え方としては、疾病の発生、初診以降半年をめどに治療およびリハビリに専念し、それでも残った障害について認定します。

するとここで疑問が出てきます。

発達障害で、幼少期から知的障害を伴っている場合は、判定後、知的障害者の手帳の該当となります。しかし大人になってから、精神症状を呈し精神科に受診し、６ヵ月ののち精神保健福祉手帳の該当となります。先に発達障害は生来の脳神経の問題であると書きましたが、本来的には先天性障害のはずなのですが、実際はそうではないということになります。

大人になってからわかるということは、大人になるまでは何らかの特徴があっても問題にならず、障害とは認められず、大人になってから問題となり、障害として考えられるようになったということです。ここで障害と考えられるのは、日常生活の支障、主としてコミュニケーション、社会性の問題です。ブーメランがもう一度戻ってくるような複雑さがあり、どう考えたらよいのか難しいところがあります。しかし発達障害の現実のニーズがありますから、制度的にこのようになったのも十分理解できますし、現代的な課題に対する奮闘と流動性を感じます。

第2章　変遷する発達障害

自閉症の発見

40年近く前、私が大学を出てすぐの頃、小児精神病棟に行く機会がありました。当時でももう重症心身障害児施設に入所する子どもが多くなって、小児精神病棟は少なくなっていましたが、何らかの事情でまだ施設に入ることができない子どもたちが入院していました。閉鎖病棟です。

先輩の相談員が案内してくれましたが、鍵を開けると窓が高い位置にあり全体にうす暗く独特な臭いのする病棟の中、デイルームに2、30人もいたでしょうか、見たことのない人間が来たので一斉に言葉にならない声を上げながら近づき、私に触ろうとします。

白衣や髪に、いくつもの手が伸びてきます。10歳は過ぎている、ひょっとしたら20歳近いかもしれない子どもたちが大半です。その手を取って握手し「あぁ、こんにちは、こんにちは」と捕まらないように防御し、あたりを見るとしゃがんだままじっと動かない子、奇声を発しながら動き回る子、私には興味のない子どもたちもいました。異様な光景です。「ボク、初めて入った時は、そのあと吐いちゃったんですよね」と誠実で正直な先輩の相談員は話してくれました。

その頃はまだ、発達障害は教科書でも精神発達遅滞もしくは精神遅滞のことでした。現在の知的障害のことです。知的障害と言っても、ただ知能指数が低いということではありません。知能指数は知能検査というスケールを通して指数化した数値に過ぎないので、個々の特徴を正確に映し出すものではありません。しかしながら知的な障害はほかの精神疾患にさまざまな影響を与えて行くことも知られていましたから、ひとつの項目として取り扱われていました。

明確な言葉にならなくとも意思表示をしてくる子、人には興味がなく自分の世界にいる子、てんかん発作を起こす子、妄想や幻覚があるかもしれない子、子どもの数だけ特徴があります。当時わが国でも、少しずつ自閉症の概念が知られるようになりましたが、自閉症はそのような子どもたちの中から発見されて行ったのでしょう。

１９４３年アメリカの精神科医レオン・カナーは、人には興味がなく自分の世界におり、外界とのコミュニケーションも困難なそれらの子どもたちを「自閉症」と名付けました。そのような重い障害を持つ子どもは「カナー型自閉症」と呼ばれました。

時期を同じくしてオーストリアの小児科医ハンス・アスペルガーも同じような状態の子どもたちを見出し「自閉的精神病質」と名付けました。

その後1981年、ハンス・アスペルガーの著書がドイツ語から英語に翻訳された時、「自閉的精神病質」からハンス・アスペルガーの名前をとって「アスペルガー症候群」と言われるようになりました。その後長く「アスペルガー症候群」として定着していきます。

第二次世界大戦のさなかに、このような子どもたちが発見されたということは、自然や人から離れて自分に閉じこもるような、現代社会につながる何かを感じます。

重症な子どもだけではない発達障害の発見

日本でも１９７０年代以降でしょうか、学校に上がったのだけどどうもうまくいかない、いまの言葉でいうと適応できない子どもたちが出てきます。

うまく話せない、友達が作れない、じっと教室に座っていられない、忘れ物が多い、約束を守れない、ひとつのことに異様にこだわる、できる科目とできない科目の差が激しい、などなど。学校生活あるいは家庭でもそうであったかもしれませんが、生活に支障が出てきます。

それらの状態が発達障害の状態に似ていることに気づいていきます。しかし知的にはそれほど障害がない、知能検査をすると高く出る子もいます。これらの子どもたちをどのように考えたらよいのか、このあたりから概念と名称の混乱が出てきます。

「情緒障害」、「微細脳障害」、「軽度発達障害」、「高機能発達障害」、障害されているのは情緒だけなのか、脳の微細な障害なのか、何をもって軽度、重度というのか、高機能群があれば低機能群があるのか、知能指数だけの問題なのか。それは日本だけのことではなく、これまで自閉症児に見られていたような自閉的な特徴が、知的障害が顕著ではない、あるいは知的に高機能な子どもたちにも見出されるようになりました。
このような状態をどう理解したらよいのか試行錯誤が続きます。

発見の年齢がどんどん上がる

このようにうまく生活できなかった子どもたちも、大きくなって大人になります。しかし子どもの時に不都合を感じていた子どもたちや親は、医療機関や相談機関につながる機会もあったでしょう。そして自分にはこういう特徴、障害があるのだなと理解に至ることも多かったかもしれません。

しかし子どもの時は特に問題がなく、学校生活も特に支障なく過ごし、むしろ成績はよかったかもしれない子どもたちが、就職してのちうまく仕事ができない、職場の集団にいられない、そのような状態が見うけられるようになります。「空気が読めない」など対人関係の違和感が表現され、アスペルガー症候群という言葉も浸透する中で、２０００年以降、多く聞かれるようになります。そして「大人の発達障害」と言われるようになりました。

成人になってから、発見されるのです。

いままでは成人になってから発症したのではないと理解されていますし、「大人の発達障害」は「大人になってからわかった」というのが定説です。

本書のテーマはこの最後に発見された発達障害に関することですが、なぜ働いてから問題になるのでしょう、逆になぜ働くまでは問題とならないのでしょう、何が問題でどういう問題なのでしょう。

発達障害自体、コアだった概念と対象が、どんどん拡散されている印象があります。果たしてこれがどういうことなのか後世にならないとはっきりしないとは思いますが、実際に困っていたり精神的に病んだりしていることは事実です。

精神障害としての発達障害

このような経緯からも、はじめは精神科医や小児科医が自閉症の存在に気づき、根本的な治療は難しいかもしれないが、何らかの治療によって改善を目指すというスタンスでした。疾病概念や障害概念がそれほど明確ではなかったとも言えますが、大きくは精神疾患として治療対象と考えられました。

精神医学の治療対象は基本的に精神病です。かつては精神分裂病（統合失調症）、躁うつ病（双極性障害）、てんかんは、三大精神病と呼ばれていましたが、いまも基本的なとらえ方としては生きています。ほかには20世紀にフロイトが発見した神経症、人格異常など、あくまで病気として考えていました。そして精神障害者福祉を考える時には、治療後に残った外的世界とのずれともいうべき症状、生活障害への支援が目指されました。

状況が変わってくるのは、１９５２年アメリカ精神医学会から出された『精神疾患の診断・統計マニュアル』、ＤＳＭ（Diagnostic and Statistical Manual of Mental

Disorders）の登場です。はじめは統計、調査が目的でしたが、診断のマニュアルとしての性格を強めていきます。診断をマニュアル化するとどうしても操作的な概念になり、治療者が患者との診察を通して判断する病的な世界ではなくなり、表出される不都合や状態の評価に傾きます。すると、精神の病気（disorder）なのか障害（disability）なのかという問題に突き当たります。

前述したＩＣＤでは、「精神および行動の障害」、「心理的発達の障害」などのように障害としてコード化しましたので、精神病の呼び方が障害としての呼び方に変わりました。さすがに精神分裂病は障害名としてつけにくかったと見え統合失調症に、躁うつ病は双極性障害に、神経症は○○不安障害、人格異常は人格障害といった具合です。

精神疾患から精神障害へという時代になりました。

当初違和感があり、表現上の問題ですが障害への治療とはどういうことか理解しにくかったことを覚えています。実際は統合失調症も双極性障害も、ある時に発症する病として存在し、症状緩和に努めつつも病気としての治療は変わりません。

しかし発達障害、特に大人になってからわかる発達障害は、病気ではなく、もともとあったが大人になってからわかった障害です。メンタルクリニックを受診する時には、職場でうまく行かないなどの理由でうつ症状を呈していることがほとんどですが、そのベースにあるその人の性向や特質は病気ではありません。それが問題だとすればまさしく障害であり、発達障害という障害の上にうつ症状を発症したということになります。

現在の言い方で言うと、発達障害と抑うつ障害があるということになり、なんだかよくわからなくなります。ただ言えることは、障害という概念で考えると、発達障害はまさしく治療場面に出てきた時から、まさしく障害なのです。

発達障害のタイプ

発達障害は、いくつかのタイプに分かれますが、アスペルガー症候群においては議論が多く、障害名もアスペルガー症候群から広汎性発達障害、現在、ＤＳＭ‐５において自閉症スペクトラム障害ということで落ち着いています。スペクトラムは、連続したひとつのものという意味です。（ちなみにスペクトラムspectrumは英和辞典では人々や考え、状況の変動範囲（『ウィズダム』第４版）というような、内容的には変動していてもひとつの連続体として認識できるものという意味ですが、物理や光学の用語としての、光を分光器によって波長順に分解したスペクトルと一緒に出てきます。スペクトラム＝スペクトルということになりますが、光に関するこのスペクトルという日本語の呼び名はspectreというフランス語から来ているようです。）

自閉症スペクトラムについて非常にわかりやすく書かれているものがありますので、載せさせていただきます。

ＤＳＭ‐５で広汎性発達障害から自閉症スペクトラム障害になったことをうけて、

「一方スペクトラムとは連続体のことである。たとえば、光のスペクトラムである虹の色はどこまでが赤でどこまでが黄色といった境界線を引くことはできず、赤から紫までの色が変化していく。自閉症スペクトラムにおいても、重症の者から軽症の者まで境界線を引かずに連続していて、その最も軽い群は、従来から指摘されてきた広範な自閉症発現型（Broad Autism Phenotype : BAP）に連続的につながっていき、さらにその外側に一般のちょっと変わり者に連続していく。この考え方をとれば、健常者との境界に位置する境界線上の軽症者が最も人数が多いということは当然である。」
（森　則夫・杉山登志郎・岩田泰秀　２０１４『臨床家のためのＤＳＭ－５　虎の巻』日本評論社　39-40ページ）

そしてＤＳＭ－５において、そのカテゴリーは「神経発達症群／神経発達障害群」と「症」と「障害」が併記になっており、病気なのか障害なのか、いまなお検討、研究の途上にあることを伺わせます。

ちなみにタイプとして（障害で表記させていただきますが）、知的能力障害、コミュニケーション障害、自閉症スペクトラム障害、注意欠如・多動性障害、限局性学習障害、運動障害、チック障害等になっています。
本書で関係してくるのはこのふたつです。そのほかの障害は、大体大人になる前にわかるからです。

自閉症スペクトラム障害（ＡＳＤ　Autism Spectrum Disorder）

注意欠如・多動性障害（ＡＤＨＤ　Attention-Deficit/Hyperactivity Disorder）

自閉症スペクトラム障害（以下、ＡＳＤ）の特徴は、ほかの人との情緒的な関係を結ぶことが難しく、言葉だけではなく表情や雰囲気などを理解し共有しコミュニケーションすることが難しい、興味などが限られており強い愛着やこだわりを持つ、同じようなやり方や繰り返しにこだわる、周りの刺激に敏感であるなどがあげられます。ほかの発達障害にも言えると思いますが、偏食や変化への適応が苦手であったりします。

注意欠如・多動性障害（以下、ＡＤＨＤ）の特徴は、その名が表しているように、注意することに障害があり、不注意で見逃したり忘れたりしますが、それに神経的な多動があるので、勉強や会議などでも注意がほかのところに行って集中できない、こちらが話しても聞いていない、逆にほかの人が話しているのに話し出すというようなことがあります。

子どもの場合は教室で席を立って動く、思い立ったらその場にそぐわないこともすぐしてしまうなどの行動が目立ちますが、大人になるとそれまでの経験や学習で少なくなります。しかし仕事や課題を計画立てて行うことが難しい、優先順位を決められない、やらなければならないことを後回しにする、時間の管理が難しいなどの特徴として残っていきます（以前は注意欠陥多動性障害でしたが、注意欠如・多動性障害になりました。個人的な感想ですが、日本語的には欠陥は「欠けているところがある」という意味ですが、欠如は対象のものが「ない」という意味で、欠陥のほうがよいのではないかと思います。しかし語感的な変更なのだろうなと理解しています）。

実際、それぞれのタイプは、はっきりと特徴がわかる人もいればそうでもない人もいます。またＡＳＤとＡＤＨＤを重複している人もいますし、先にあげたほかのタイプを重複している人などさまざまです。タイプとして記載することは可能ですが、そのタイプがそのまま一人の人間なのではありません。その特徴が生活していく中で支障になっているので、理解しやすくアプローチしやすいように障害として分類されています。精神科医療における診断と分類です。

そして現在では、神経の発達としての発達障害も、ほかの身体や知的能力の発達のように、重い発達の障害から、発達の凸凹、得手不得手を経由し、一般的な状態まで、グラデーションのようになっているのではないかと考えられています。得手不得手という点ではだれでも発達障害的です。病気や障害としての事実はありますが、その傾向ということもあります。決定論的には考えられない、複雑な流動的な現実も含んできます。

発達障害の理解が進み、このようにタイプが示されてくると、自分は大丈夫だろうかという不安がよぎり、「発達障害かもしれない症候群」などと言われてしまう始末です。ネットを開けば発達障害だけではなく過敏性性格やさまざまなチェックシートがあり、試してみることができます。

困ったことに、気にしている人が使うと結構該当したりします。「ネットのチェックシートをしてみたのですが、私、この障害ではないでしょうか」と相談の中で言う人も珍しくありません。

チェックシートも診療や相談の導入として有効な時もありますが、気にしている人が一人でやって不安を増長するのはよいとは思えません。自分のことを誰かにこうだと言ってほしい、決定してほしいというのは、占いとほぼ同じです。具体的に何に悩んでいるのか、何に不安を感じているのかが重要で、自分の問題として、身近な信頼できる人に相談する、精神的不調がありつらいのであれば精神科を受診するなどしていただきたいと願います。

就職してからわかる

大人になってからわかる場合、就職し仕事を始めてからが多いですが、子どもが発達障害だとわかり自分も同じような傾向があると思った親もいます。しかし基本的に、精神科に受診し、検査を受け診断されなければ、はっきりとは言えません。

しかし精神科は医療機関ですから、何らかの精神的な不調がなければ受診には至りません。検査だけ受けたいというのは保険診療にはなりませんので、内科などほかの科でも同じですが、自費です（自費で検査をしてくれるところがあるかどうか、私にはわかりませんが……）。

職場で悩みを抱え、精神症状が出るくらい苦しんでいる人すべてに、発達障害の傾向があるわけでは、当然ありません。その人の状態、何に悩みや不安を感じているのか、職場での状況、幼少期やこれまでのエピソードなどから、発達障害の傾向を含め判断します。

就職してからわかるということは、繰り返しになりますが、不思議なことです。就職するまでは、多少問題もあったかも知れませんが、それまで問題にならなかったということになるからです。また、この人は発達障害だと思われていても仕事を続けている人もいます。しかしながら、就職後仕事がうまくできず周囲ともうまくやれず、悩み病んでいく人の中には、発達障害の傾向がある人も少なくないでしょう。

発達障害の傾向も一様ではありませんから、すべての人が精神科を受診して6ヵ月経ったら皆、手帳をもらい、障害者雇用にしましょうなどというような安直な話ではありませんが、発達障害も障害者福祉の対象となり、就労支援も受けられるようになりました。

それは大きな前進ですが、実際面では、障害者雇用として雇用されていない場面での不都合から始まりますから、発達障害の自覚から障害者就労へは、間に大きな川が流れているように感じます。すぐには渡れないし、渡るかどうかは本人の意思です。

発達障害者は障害者の就労支援の対象になりましたが、それはどのようなものか、次で大まかに見てみましょう。

第3章　障害者の就労支援と発達障害

障害者の雇用促進

現代社会で人が働くことには、ふたつのベクトルがあり、ひとつは雇用、会社や事業所が雇うという産業社会の要求です。もうひとつは人が労働者として就労する、就労に足る労働力を持っているということです。このふたつが合わさって、労働社会は成り立ちます。しかし福祉社会を志向すると、その折り合い点を多くの人が社会参加できるところに探さなければなりません。

まずはひとつ目のベクトル、雇用についてふれます。

身体障害者福祉法（昭和24年）の10年ほどあと、身体障害者雇用促進法（昭和35年）が制定され、事業所に対し身体障害者の雇用の促進を進めていきました。ハンディキャップがあってもできる仕事、技能の獲得、などによって雇用機会を広げていきました。そしてやっと、昭和62年、障害者の雇用の促進等に関する法律（障害者雇用促進法）が施行され、知的障害者も対象となりました。

そして平成16年発達障害者支援法ができ、翌平成17年には障害者総合支援法の前身の障害者自立支援法ができ、時を同じくして障害者雇用促進法の対象に精神障害者も加わりました。

雇用促進法の流れはこのようなものですが、実際は昭和49年に雇用保険法ができ、昭和51年に身体障害者を対象とする雇用率制度ができ雇用の義務化に向かっていきます。この雇用率、雇用の義務化に知的障害者が追加されたのは平成10年、平成18年精神障害者は実雇用率としてみなすことになりましたが、厳密な意味で雇用率の算定基準に追加、正式に雇用義務に追加されたのは平成30年でした。

そして内容的に一歩踏み込んだのが、平成25年障害を理由とする差別の解消の推進に関する法律（障害者差別解消法）が制定され、それを受け同年、障害者雇用促進法の一部改正がなされたことです。

それによって、差別の禁止、合理的配慮の提供義務、法定雇用率の算定基礎の見直し（前述、平成30年）が盛り込まれました。障害者差別解消法は平成28年施行され、障害を理由とする差別的取り扱いの禁止と合理的配慮の提供義務が法的義務となりました。

これは障害者を雇用する事業所にも当然及びます。就労において、何が差別的取り扱いなのか、どうすることが合理的配慮なのか、個々において、特に精神障害者において、難しい判断を迫られることになりました。

　障害状況が目に見えるわけではなく、労働能力をどう評価したらよいのか、知的障害者のように支援学校の先生が教えてくれるわけでもありません。ハローワークでも障害者雇用の事業所開拓、精神障害者の雇用の理解などに努めますが、障害者自身が就労できるように支援していく必要が出てきます。

図表２　障害者総合支援法における就労系障害福祉サービス

	就労移行支援事業 （規制第６条の９）	就労継続支援Ａ型事業 （規制第6条の10第1項）	就労継続支援Ｂ型事業 （規制第6条の10第2項）	就労定着支援事業 （規制第６条の10）
事業概要	通常の事業所に雇用されることが可能と見込まれる者に対して、①生産活動、職場体験等の活動の機会の提供その他の就労に必要な知識及び能力の向上のために必要な訓練、②求職活動に関する支援、③その適性に応じた職場の開拓、④就職後における職場への定着のために必要な相談等の支援を行う。 （標準利用期間：２年） ※必要性が認められた場合に限り、最大１年間の更新可能	通常の事業所に雇用されることが困難であり、雇用契約に基づく就労が可能である者に対して、雇用契約の締結等による就労の機会の提供及び生産活動の機会の提供その他の就労に必要な知識及び能力の向上のために必要な訓練等の支援を行う。 （利用期間：制限なし）	通常の事業所に雇用されることが困難であり、雇用契約に基づく就労が困難である者に対して、就労の機会の提供及び生産活動の機会の提供その他の就労に必要な知識及び能力の向上のために必要な訓練その他の必要な支援を行う。 （利用期間：制限なし）	就労移行支援、就労継続支援、生活介護、自立訓練の利用を経て、通常の事業所に新たに雇用され、就労移行支援等の職場定着の義務・努力義務である６月を経過した者に対して、就労の継続を図るために、障害者を雇用した事業所、障害福祉サービス事業者、医療機関等との連絡調整、障害者が雇用されることに伴い生じる日常生活又は社会生活を営む上での各般の問題に関する相談、指導及び助言その他の必要な支援を行う。 （利用期間：３年）
対象者	①企業等への就労を希望する者 ※平成30年４月から、65歳以上の者の要件を満たせば利用可能。	①移行支援事業を利用したが、企業等の雇用に結びつかなかった者 ②特別支援学校を卒業して就職活動を行ったが、企業等の雇用に結びつかなかった者 ③就労経験のある者で、現に雇用関係の状態にない者 ※平成30年４月から、65歳以上の者も要件を満たせば利用可能。	①就労経験がある者であって、年齢や体力の面で一般企業に雇用されることが困難となった者 ②50歳に達している者又は障害基礎年金１級受給者 ③①及び②に該当しない者で、就労移行支援事業者等によるアセスメントにより、就労面に係る課題等の把握が行われている者	①就労移行支援、就労継続支援、生活介護、自立訓練の利用を経て一般就労へ移行した障害者で、就労に伴う環境変化により生活面・就業面の課題が生じている者であって、一般就労後６月を経過した者
報酬単価	502～1,094単位／日 〈定員20人以下の場合〉 ※定員規模に応じた設定 ※就業後６月以上の定着率が高いほど高い報酬	324～618単位／日 〈定員20人以下、人員配置7.5：１の場合〉 ※利用定員、人員配置に応じた設定 ※平均労働時間が長いほど高い報酬	565～649単位／日 〈定員20人以下、人員配置7.5：１の場合〉 ※利用定員、人員配置に応じた設定 ※平均工賃月額が高いほど高い報酬	1,045～3,215単位／月 〈利用者数20人以下の場合〉 ※利用者数に応じた設定 ※就労定着率（過去３年間の就労定着支援の総利用者数のうち前年度末時点の就労定着者数）が高いほど高い報酬

出典　厚生労働省　障害者の就労支援対策の状況

精神障害者の就労支援

ふたつ目のベクトルは、労働者の支援で、労働者が就労機会を得るように支援します。

障害者の就労支援については、障害者総合支援法に明記されています。その前身の障害者自立支援法から、福祉的施策は身体障害、知的障害、精神障害、3障害が一緒になりました。それによって3障害は、福祉サービスも就労支援サービスも同じように提供されるようになりました。

就労支援の施策は就労支援事業所として展開されており、それらは就労移行支援事業所、就労継続支援事業所A型、就労継続支援事業所B型です。その内容は（図表2）に示した通りですが、就労移行支援事業所は一般企業への就職に移行するという意味合いです。就労継続支援事業所A型、B型は、福祉的就労支援ですが、A型は個別雇用契約で最低賃金も保証され一般就労に近い形です。B型は以前の授産施設や作業所が移行したところも多く、福祉的就労の意味合いが強くなります。

図表３　就労系障害福祉サービスの障害種類別利用者数の推移

○平成20年４月から平成25年３月までの５年間で、就労移行支援事業と就労継続支援A型事業は、精神障害者の割合が大幅に増加。（就労移行支援事業：21%→37%、就労継続支援A型事業：18%→36%）
○平成25年３月時点における精神障害者の利用者数は、就労移行支援事業9,477人、就労継続支援A型9,860人、就労継続支援B型49,644人。
※平成20年４月と比較すると、就労移行支援事業：3.4倍、就労継続支援A型：11.9倍、就労継続支援B型：4.1倍

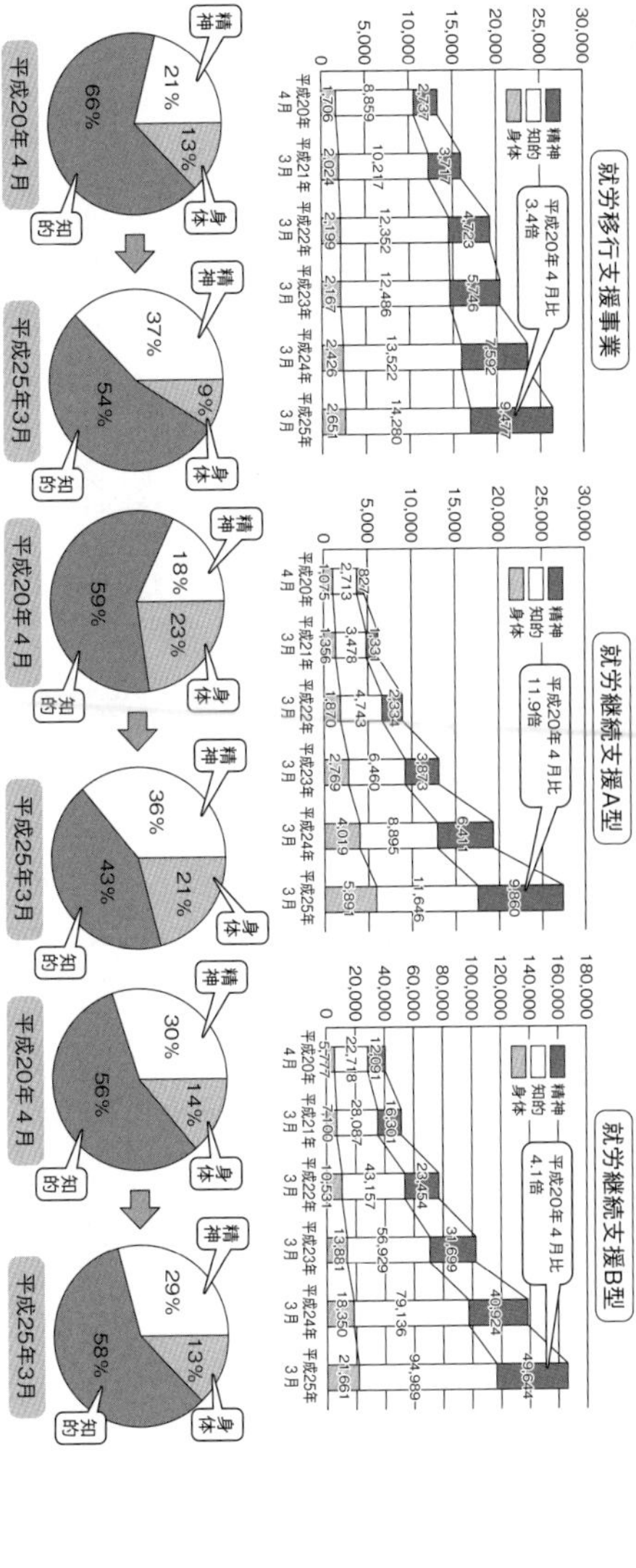

出典　国保連データ　　※数値は旧体系の事業所数を含まない

就労支援の利用において、近年精神障害者の比率が高くなっています。少し古いデータで恐縮ですが、（図表3）にもあるように、精神障害者の絶対数も割合も増えています。就労継続支援事業所B型ではそれほど増えてはおらず、知的障害者がその半数を占めているという状況は変わりません。

就労移行支援事業所と就労継続支援事業所A型の利用が、それぞれ平成20年から25年で、3障害中の割合が21%から37%、18%から36%と増えており、絶対数も精神障害者の伸びが非常に大きいことがわかります。精神障害者の就労支援のニーズが高いことが伺えます。

以前、精神障害者の就労は、長期間の治療の後、地域生活の定着とともに福祉的就労からステップアップして一般就労を目指すというイメージでした。しかし現在は入院治療の短期化や抑うつ障害や発達障害の増加なども関係していると思いますが、入院には至らず外来治療をしながら就労する場合、初診から比較的短時間で就労の検討をする場合などが出てきました。

そうなると、手帳を取得せず職場に復帰する人、手帳を取得し障害者雇用を目指す人、手帳を取得しても就労支援事業所を利用せず就職する人など、さまざまな様相を呈しています。就労支援事業所を利用する場合も、個々の状況に応じどのように利用するか、検討が必要となってきます。

しかし、障害者雇用に至るには、基本的に障害手帳が必要ですから、初診から少なくとも6ヵ月はかかります。そして就労支援事業所を利用する場合は、障害者総合支援法の福祉サービス利用ですからサービス受給者証が必要です。事業所の見学→本人と事業所の合意→受給者証の申請・交付→利用開始となります。手帳取得後、サービス利用、就労の準備にはそれなりの時間がかかります。

もちろん就労支援事業所の利用は任意ですが、現在一般企業では就労支援事業所を利用している人を採用したい意向が強いです。採用後の定着支援などのサポートもあり、就労支援事業所の利用を条件にあげている企業もあります。

また、抑うつ障害や大人になってわかる発達障害の増加などにより、就労経験のある人たちの就労支援も課題になりました。障害者職業センターでのリワーク（復職）プログラムもありますが、医療機関のデイケアでのリワークプログラムも増えていきました。

そのほか障害者の職業訓練もあります。障害者職業訓練校もありますし、ハローワークを通じて申し込む委託訓練もあります。

そして就職後の支援として、ジョブコーチや就労定着支援などがあります。

就職後の実際的、環境的支援にもなりますが、差別の禁止と合理的配慮があります。それらは障害者差別解消法から障害者雇用促進法の一部改正に明記されました。合理的配慮は、障害者就労の実際に、一歩踏み出すことになりましたが、状況依存的で難しい側面があります。障害の事実はあってもプラスの側面「～ができる」ことと、環境及び業務内容の調整という形で着地点を見出すことになります。身体障害は環境的な改善や身体作業の制限など、また知的障害は作業内容の配慮や教え方、表記や連絡の仕方など考えることができます。

しかし精神障害は、作業内容の検討、配慮は必要ですが、それぞれの精神疾患の特性と障害者個々の特徴、症状の波やストレス対処の方法などを個別に知ることも重要になります。障害者就労として日の浅いこともありますが、いまだ課題の多いところです。

発達障害と就労支援

就労支援事業所の中には精神障害を主とするものが増え、特に発達障害に特化した事業所も増えてきました。特に就労移行支援事業所に多いです。その理由は何点か考えられますが、まず、ニーズが増えていることがあげられます。就労支援の利用者に精神障害者が多くなり、発達障害にも手帳が交付され、対象者全体の増加があります。

そして、発達障害者は特性がある程度はっきりしているので、理解しやすいということもあります。またパソコンの得意な人も多く、就労経験のある人も多く、就労移行支援事業所は基本的に2年の利用で一般雇用に結びつけるという目標からも、有利だと言えます。

このニーズの増加ですが、これまで描かれていたように、病状が安定してから福祉的就労としてのB型事業所からA型事業所、そして移行支援事業所というステップアップではなく、就労していたけれども中途障害のように発達障害が出現し、いきなり移行支援事業所を利用するということが増えてきた背景があると考えられます。大人の発達障害として出現する時、就職し、発達障害であることがわかり、退職となり、精神保健福祉手帳を取得し、求職活動をしていく中から就労支援の利用に至る、という経緯が多いです。発達障害においては、就職したけれど、うまくいかず退職に至ることが多いという背景があります。

職場で発達障害かもしれないと本人も周りも思っていても、その時点では発達障害者への対応は功を奏しません。発達障害の傾向があったとしても、プライバシーや人権のこともありますから「君は発達障害だから、精神科に行って障害手帳をもらってきてくれ給え」とは言えないわけです。

後天的な身体障害の場合、たとえば事故で車いすが必要になる、腎臓機能障害で人工透析が必要となるなどの場合は、治療で休職し、回復後、障害手帳を取得し、復帰した時に障害者雇用で就労継続となるということはありますが、発達障害の場合はそうはいきません。発達障害かもしれないという時点では、障害者の就労支援としては動きようがありません。本人の理解、受診、障害の受容と、障害者雇用の環境整備、それらは一様には進みません。

昨今では職場における発達障害の理解も進んで、対応の仕方もたくさん紹介されるようになりました。また職場のメンタルヘルスを支援する会社も増え、EAP(Employee Assistance Program)を提供するところも増えてきました。これらは雇用側である企業への支援です。発達障害の職員がいた場合、上司はどのように対応したらよいのかというノウハウを教えてくれます。

それは障害者雇用の場合や、上司などがその職員が発達障害の診断を受けていることを知っているのであれば、有効に機能するかも知れません。しかし、発達障害かもしれない段階では難しいです。

実際に、発達障害者へのアプローチを、障害者雇用を前提としないで行うことは、精神科的な、半ば専門的な配慮を要求されるハイレベルな話です。精神障害者への対応はだれでもできるように思われているかもしれませんが、そう簡単なことではありません。専門的知識だけではなく、その人の資質も大きく関係しますし、習得にも時間がかかります。また対応する人のストレスマネージメントも欠かせません。職場は仕事をする場所ですから、人的にも時間的にも余裕がないのが現状です。

全般的に、仕事でのストレスのリスクが指摘されており、ストレスチェックなども導入されています。当然ながら、精神的不調のある職員は、発達障害の傾向がある人ばかりではありません。ストレスチェックは、委託している精神科医がその評価をし、必要な人に精神科の受診を勧めます。メンタルヘルスへの配慮は、精神科的フォローへとシフトしていきます。発達障害の傾向においても同様で、精神科への受診勧奨になり、その域を出ません。

そして発達障害だとわかったあとで、継続就労できにくい理由は、発達障害ではないかと気づくきっかけが、業務上の不都合だからです。端的に言うと、仕事ができないことと周りの人とうまくやれないことです。これはセットのことが多いですが、これらは職場の人間関係を通し発生します。人間関係としても、悪化していることが多いからです。

発達障害者の就労支援の利用は高くなっていますが、それはいわば、就労のリセットです。大人になってからわかる障害という問題が、このように中途障害的な状況を生んでおり、退職してのち障害者としての再就職という道筋を作っていっています。

第4章　発達障害の傾向と職場の反応

この章では、実際の状況の素描を試みたいと思います。

あくまで、発達障害の傾向がある人と周りの人との間でどのようなことが起きているのかということであり、発達障害の人にはこのように接したほうがよいとか、発達障害の人によって周りの人が迷惑をかけられているとか、そのようなことを取り上げたいのではありません。どちらか一方の立場で他方を非難することでは決してありません。

初めは、発達障害の診断がついているわけではないので、発達障害の傾向があるのではないかという状況の中から、この双方の話は始まります。

ここで取り上げる断片は、私が実際に出会った人の話、またほかの職場の相談などからピックアップしたものです。これらのエピソードは一個人のものではなく、同じような状況のエッセンスを描いたものです。背後には、多くの類似するエピソードがあります。たとえば、病院の新人研修が機械を扱う会社のこともありますし、福祉施設が窓口業務を行う施設機関のこともあります。決して特定される個人情報でないことをご理解いただきたいと思います。

周りの人の驚き

15年ほど前から、自分の職場やほかの事業所の人から、相談とも言えないような悩みや愚痴を聞くようになりました。「これは、一体、何なの？」、「どうしたらいいの？」、「その新人に、何て言ったらいいの？」。

以下、（　）は彼らの心の声です。

○病院の新人研修で、説明を聞いたらメモをとるようにと話がありました。その後病棟研修が始まり、医療機械の説明やいろいろな説明をして回ります。近くにいた新人看護師に「前の機械とこの機械の違いはわかりますか」と研修担当看護師が聞くと「メモをとるように言われてメモをとっていたので、見ていませんでした」と答えました。

（えっ、いや、その、いま、説明している意味……）

○早出のある職場で、月に2度ほど8時までに来てくださいと伝えました。するとその女性職員は「私の家はバスと地下鉄を乗り継いで1時間ほどかかるんです。バスは朝早くだと30分に1本くらいしかないので、○分のバスに乗ると8時15分に着くんですよね。それでもいいですか、もしだめなら、私、引っ越さなければならないんですけど」

（えーっ、早出あるって言ったよねー、聞いてなかったのかなー、その前のバスに乗ることは考えられないのかなー）

○福祉施設の施設長。新卒の事務員に「始業は9時から、お昼休みは12時から1時です」と伝えました。12時になると、目の前で鳴っている電話も取らず、席を立ちどこかへ行ってしまう。2、3日は様子を見ていましたがやはり、12時でも電話を取ってくれるように言うと、「ボクの昼休み時間は12時から1時までですよね」。

（いや、そうだけど……）

12時に席を立ち、どこに行っているのかわからない。数日して、自分の車の中でお昼を食べているようだということがわかった。

（緊急のこともあるので、休み時間でも所在がわからないと困るのだけど、彼にはどう説明したらいいだろう。確かに昼休みは昼休みで労働時間ではない……説明が大変そうだな……）

○パソコン入力を一応説明したが、わからないところがあったようで、先輩の後ろに立ってＰＣを見ている。何も言わず、立って見られているのも気持ちがよくないので「そこに立たないでください」と言うと「私は大丈夫です」と、立ち続ける。

（いや、そうじゃなくて……）

これに類する話はたくさんありました。これらはどちらかというと、ＡＳＤの傾向がある人たちです。

彼らはふざけているわけでも悪気があるわけでもありません。状況倫理ということを除けば、彼らは正しいのです。言われたことを守っているし、自分の論理で話しているのです。間違っているわけではないので、先輩や上司はそう言われると「えっ！」と驚き動揺し、とっさに何も言えなくなります（ちなみに、最後のパソコン入力の彼女は、自分の理解の仕方や考えを変えず、間違った入力をそのままにしているという事態が続き、先輩はそれとなく注意をしても自分の正しさを主張され、上司に改善を求めても理解されず、先輩のほうが辞めてしまいました）。

ＡＤＨＤの傾向がある人の場合は少し違います。

始めはそれほど目立たないことが多いのですが、だんだんと「あれ？」ということが出てきます。

遅刻をするようになる。
約束した時間に遅れるようになる。
仕事の期限があやふやになる。
書類や貸してあげたペンなどの所在が不確かになる。
仕事の段取りが悪い。
同じことを何回も言わないといけない。

そのほか、細かなことが状況依存的に起こり、始めは新人だしと大目に見ていることとも多く、どちらかというと驚き方も動揺するほどのことでもないので、すぐに口に出して注意をすることは少ないです。しかしこれが積もっていき「何回言っても、直らない」ということにつながっていきます。

このようにタイプの違いや、出会った時の驚き具合の差はありますが、共通していることは周りの人はその場で何も言わない、言えないということです。その理由としては、先ほどの正しさもありますが、日本的なのかどうかわかりませんが、人に対して驚くなんて失礼だと思ってしまうからかもしれません。驚きを内に秘め、不消化なまま残っていきます。

発達障害の傾向に気づく

その後の経過については、患者としてメンタルクリニックを訪れた人や就労支援で面接した人のエピソードです。彼らは、ある時気づき、仕事ができない、仕事がつらいと思い、ほぼ退職に至っています。本人が過去を振り返って話してくれた事柄です。以下〔 〕は、補足です。

○パソコンで作図をする仕事で入社。「ボクはひとつの仕事をしていると、それに集中してしまうので、周りからいろいろ言われるとイライラしてくるんです。特に、やっている最中に「これもお願い」と〝挿し込み〟があると、イラッとして、そのあとのパフォーマンスも下がるんですよね」、「いまやっているの、わかっているだろ？じゃあ、（いまやっている）これはどうしたらいいんだ」と混乱しています。だんだんと仕事に遅れが出て、一時部署を替えてもらったが、それでもほかの人よりは遅れが目立つようになり、気持ちも落ち込み退社に至った。

〔このように、ひとつの仕事に集中することはできるが、途中の依頼などで反応を起こし、怒ったり不機嫌になったり、フリーズしたりパニックになったりする人がいます。自分の想定から外れることが多いと、仕事もだんだんできなくなり、職場全体の仕事の流れは見ることができないので、周りの人からは理解のない非協力的な人と思われ、孤立しがちになり人間関係もうまくいかなくなります。次第にうつ的になり、退職に至ることも多いです」

○お菓子屋にパートで勤める。はじめはお菓子の種類や会計の仕方など、教えてもらう日々で楽しく働いていたが、少し慣れてくると「あれやってください、これやってください」と言われるが「『あれ』や『これ』が何のことか、『これのことかな？』と思ってもほかの人は忙しいので聞くこともできなくて、ウロウロしちゃうんです。電話も取ってと言われ、注文が入るのですが、聞いていてもよくわからないしメモも取れないんです。店長がどこかに行く時に『お客さんがこの箱詰めを取りに来るのでお会計をして、足りなくなったものを補充して、棚も整理しておいてね』と言われたのですが、フリーズして、どうしたらよいのか、涙が出てきてしまったんです」。

「あれ、これ、それの指示語がよくわからないことは、発達障害の傾向がある人にはよくあります。また一度に複数の指示、課題（タスク）があるとどうしたらいいのかわからなくなり、フリーズしたりパニックになったりすることがあります。また、往々にして聴覚刺激からの理解が弱いので、電話のメモをとるのが苦手なこともあります」

その後、彼女はほかのパート職員に「大丈夫？　どこか悪いの？」と心配されるようになりましたが、頑張っても改善は見られず、そのうち「病院に行ったの？」、「いつ治るの？」と言われ、自分はダメなんだと思い、そのお菓子屋を辞めてしまいました。

〔はじめは心配してくれていると思いましたが、そのうち責められているように感じ、深く傷つき、自分はほかの人のように働けないのだと気づいていきました〕

○医療技術職で新卒入職。現場は思ったよりも複雑で細かいことが多く、先輩が細かく説明してくれます。一生懸命メモをとっていましたが、説明の分量も多く、それを見ていた先輩が「そうじゃなくて、こんなふうにメモを作ったらいいよ」と言ってくれましたが、自分のやり方以外のメモのとり方に混乱し、数ヵ月で退職してしまいました。

「メモのとり方も、考え方も、人によっていろいろ違いますからねー」と私が言うと「えっ？　違うのですか？」と驚きました。彼にとって、ほかの人が自分とは違うように考えるのは当然ではなく、物事にはひとつの解答しかなく、メモのとり方もひとつであり、自分とは違うメモのとり方に直面した時、混乱しか生まれなかったのです」

これらのエピソードはＡＳＤの傾向が強い人ですが、もちろんＡＳＤの傾向があっても、仕事を継続している人は多くいます。また、一人で完結するような仕事であればあまり問題はありません。発達障害の傾向が問題となるかどうかは、こだわりの強さや他者や社会に対する自閉症的な傾向の程度だけではなく、職業選択や環境的許容度によっても影響されます。

ＡＤＨＤの傾向が強い人は、また違った印象です。
どちらかというと、ＡＳＤの傾向が強い人のほうが、早期に自分の特徴と社会の軋轢を感じ、退職に至っているようです。一方ＡＤＨＤの傾向が強い人は、継続的に就労している印象があります。しかし周りの人への影響や、気づくまでの生活状況の悪化は大きいように感じます。前述しましたが、細かなことが状況依存的に起き、周りの人がほとほといやになっていることもありますが、本人が仕事上のことから発達障害の傾向に気づく時には、かなり大変な状況になっていることもあります。お酒などの依存症との関係も指摘されていますし（星野仁彦、２０１０『発達障害に気づかない大人たち』祥伝社91ページ参照）、片づけられないことから家の中の物の問題もあります。

また、子どもの相談で発達障害を指摘され、自分もそうかもしれないと気づくことも少なくありません。

○外国で仕事をしていて帰国、とりあえず派遣で大手企業に勤める。「この資料は捨ててもいいですか？」と社員に聞いたところ「シュレッダーかごは、コピー機の横です」と言われ、「そんなことは聞いてないのよ！　これを捨ててもいいのか、ＹＥＳかＮＯかを聞いているのよ！」と「ひどいでしょ、わけわからない会社だったのよ」と訴えます。

彼女は自分の子育てに悩み、子育て支援センターを利用したところ発達障害だと言われ、自分にも同じように注意があちこちにいくことや片づけが苦手なことがあるなと思い、メンタルクリニックを受診したところＡＤＨＤと言われました。

〔この人は発達障害と診断された人ですが、そこに至るまでのエピソードは、かなり状況判断ができない、雰囲気や暗黙のルールなどが理解できないことで、周りと衝突を繰り返してきたようです。注意の散漫や自分勝手な行動が状況判断の難しさと一緒になり、周りの人を疲れさせます。本人はあまり気づいていません。むしろ自分は悪くはないと思っています。ひょっとしたら、ＹＥＳ、ＮＯのはっきりしている外国では問題にならないのかもしれません〕

○結婚出産後、工場のパートに行ったところ、仕事が遅い、手順が悪いなどと注意され怒られました。そんなことが続くと、自分はどうしてこんなにできないのだろうとだんだん落ち込みいやになってきました。結婚前は腰掛のような仕事で若くてかわいければ、ミスなど大目に見てくれました。ある日、知的障害の高校生の実習が入り、教えられている様子を見て、注意されている内容が自分と同じだと思いショックを受けます。次第に落ち込み、メンタルクリニックに受診したところ、ADHDと言われ、本人は二重にショックを受け、これまでの自信がぽきっと折れたようでした。これまでのことを振り返って、「(こうなる前までは)精神的に最強でした」と言いました。

〔仕事上で否定的な評価を受け続け、うつ的になり精神科を受診し、発達障害がわかる場合も多いです。発達障害の傾向がある人は、他者や外部に対しての認識が弱いので、自分に対しあまり疑問を持たず、自己完結している場合が多いのですが、否定され、それを受け入れざるを得ない時にはきびしいうつ的な状態になります。自分から気がつく場合も、周りの反応から気がつく場合も、自己完結しているものが崩れる時にはうつ的な状態になります。うつ的な状態で受診し、発達障害がわかることが多いです。そのためか、注意されたり批判されたりすると、ものすごい勢いで自己弁護する人もいます。やさしくていい人だという思いもすべて吹っ飛ぶくらいの剣幕です。意識していなくとも、自己完結しているものが崩される危機感からなのかもしれません〕

発達障害の傾向に気づかない

発達障害の傾向があるが、本人には自覚がない場合があります。

○相談事業所職員。早くに仕上げないといけない書類があるのに、来談者が来ると率先して受け、いつまでも話している。書類はいつまでもでき上がらず、彼女の分ができないとほかのスタッフにも差し支える。しかし勤務年数が長いので、ほかのスタッフは注意しづらい。こんなことはしょっちゅうで、締め切りギリギリに残業をして作る、あるいは間に合わない。周りの人はうんざりしている。

○営業事務職員。ひとつの案件の処理中、「これ、誰か頼めないかな」と課長が言うと「はい、わかりました」と受け、いくつも抱えなかなか処理できない。「みんな受けないからー、仕方ないでしょう」と、机の上は書類の山で、一体、どこに何があるのかわからない。

○小さな会社の事務職員。事務用品の発注、管理もしているが、物品庫で探せないとすぐ発注する。コピー用紙やごみ袋、洗剤など、ほかの職員に言われてすぐ出せないと不安なので、そろえておきたい。物品庫はいつも物にあふれ、よくわからない状態になっている。

〔ADHDの傾向には、先延ばしがあり、何となく気持ちが進まないものの取り組みを先に延ばし、にっちもさっちも行かなくなってから取りかかるということがあります。自分もつらいですが周りも困ります。それが重大なことになると、さすがに自覚します。また、気持ちのやさしい人が多いので、困っている人に黙っていられないというところがありますが、自分のことはあまり顧みていません。ほとんどの場合、そんなことしている場合じゃないでしょと思いますが、やってあげようと思う気持ちで動いてしまい、机の上、部屋の中は混乱状態ということがよくあります。優先順位をつけるのも苦手です。結局は誰かが代わってしてくれて決着ということも少なくありません。また注意が散漫で物の在りかも忘れてしまったりしますが、ないと責められるのは嫌なので次々買います。これらのことによって起こる不都合には程度の差があり、ADHDの傾向があってもすぐさま職務が遂行できなくなるわけではありません。むしろ、周りの人の感情的な問題が大きいように思います〕

○職場の同僚。妊娠がわかったと親しい人に話しているところに割り込んで、それはおめでたいことだと、自分の出産や赤ちゃんの話を喜々として喋る。その同僚は今後の生活のこともあり悩んでいたが、その彼女にすっかりうんざりしてその場を立ち去ってしまった。

○「最近太っちゃってね、冬だから仕方ないいか」と隣のデスクの同僚と笑っていたら、通りがかりに「あなたはね、水太りだから、やせるわよ」と言ってくる。

〔ＡＤＨＤの傾向がある人、特に女性は話好きです。誰かが話している途中にも割り込んで話をすることも多いですし、相手のことや話の筋に関係なく話し出すこともあり、女性同士の関係だと、もう本当に関わりたくないとさえ思われてしまいます〕

これら周りの人の反応は職場内の不満などで聞かれたことですが、我慢できなくなると、その人をそれとなく排除する、接触を避ける、あるいは反応を起こし精神的な不調に陥り休職や退職に至るということもあります。席が近いあるいは入職時期が近いなど、近くにいればいるほど、一緒にいる時間が長ければ長いほどストレスは高くなり、嫌悪感が増してきます。

しかし微妙な話が多く、その直接的関係はほとんど表面化しません。ほとほと嫌になっているのに、ほかの人にはわかってもらえないこともあります。

男性の場合は、表面に出にくい感情的な問題というよりも、もう少しドラスティックなようです。

○元交通関係の男性。面接予定時間に来ない、来ても遅れて来る、勘違いして違う日に来る。仕事はシフトがあり明けの日にはダブルワークをしていたが、寝る時間に無理が来て本業の仕事に遅刻するようになる。はじめは同僚もカバーしてくれたが、遅刻が目立ちシフトが回らなくなってきた。社員証を紛失した時はきつく叱責され、それ以来、勤務態度をきびしく見られ、ついにいられなくなり、退職。面接当時、遅れても些細な理由を述べるが、悪気はない。どうにかしようという切迫した様子もない。人当たりはよい。単発の仕事はできるが、長くは続かない。仕事を探す以前に、医療につなげたほうがよいと思われたが、こんな調子なのでメンタルクリニックの予約時間にも行けるとは思えない。

〈遅刻が続く、仕事の段取りが悪い、仕事が遅い、大事なものをなくすなどが多いと、はじめは大目に見てくれたりカバーしてくれたりしますが、そのうちどうにもならず、退職に至ることは珍しくありません。業務に実害があると、やむを得ないことになります。たとえばこのような傾向のある人が、職場で発達障害ではないかと思われても、上司がゆっくり時間をとって話をしたり、部署を替えたりする余裕のある職場は限られています。受診勧奨もデリケートな話なので現実的ではありません。実際の職場においては、採用職員には仕事ができる人もできない人もいて当たり前であり、できなさ加減が許容範囲かどうかということになります。周りの人は、退職という結果に至るまではストレスがあり、怒りや不満を同僚と言い合っているかもしれません。発達障害の傾向が強い人で自己主張が強い場合、近くの同僚や直接の上司がうつ的になることもあります」

○医療機関の室長。ひとつのことを部下に命じて、席に戻ったかと思えばまたすぐに来て、別なことを命じる。行ったかと思えば、「あのことはどうなっているのか？」とまた来る。次の日も次の日も、思い出したことをわざわざ自分の席から部下のところまでやって来て、頭の上から大声で問いただす。

「もちろんこの人は自覚もありませんし、精神科も受診しません。長年こうやって仕事をしてきたのです。しかしその落ち着きのなさや気になった点はすぐ言わないと我慢できないところは、ＡＤＨＤの傾向があると思われます。ついにその部下はがんを発症してしまいました」

発達障害の傾向がある人と職場の反応を素描してきました。発達障害の傾向に気づいていく場合も気づかない場合もあります。ただ、共通しているのは、発達障害の傾向がある人たちは起きている事柄に対し悪気はなく、ほかに与えている影響について自覚が乏しいということです。

もうひとつ、周りの人の反応は、ほとんどの場合、驚きも怒りも口に出していないということです。口に出して伝える時は、職務上の注意や叱責となり、事態の結果です。発達障害の傾向がある人は叱られ自分を否定されたという経験になり、注意するほうも何回言っても変わらないという怒りや諦めに変わっていき、就労継続に赤信号が点滅し出します。

この時点で上司が発達障害の傾向がある部下に対し効果的な対応を取ることが求められているのかもしれませんが、先にふれたように障害者雇用ではないので、合理的配慮とか障害者雇用のための人的な配置などはありません。そして多くの職場では、職員の個人的な特徴に対し配置転換や研修、訓練をする余裕はありません。加えて、このような事態に対し周りの人が感情的な問題や精神的な反応を起こしているならば、建設的な対応は望めません。

双方にとって、きびしい事態となります。

隠れている職場の期待

一般的に、職員同士、出会いから始まり、人間的なやり取りを通し、人間関係として発展します。しかし、発達障害の傾向がある人に対し周りの人は、はじめの驚きから些細な感情的なずれを感じ、なかなかほかの人と同じような人間関係を築けず、繰り返される不調和へのストレス、怒り、嫌悪感につながっていきます。

もちろんすべての職員がこのように感じるというわけではなく、近くにいる人、職務上関係のある人により多く感じられます。また、発達障害の傾向がある人もストレスを感じます。多くは仕事に関することで、自分のことを理解してもらえない、あるいは仕事がうまくできないということです。

発達障害の傾向がある人と周りの人がいる、という状況はひとつですが、同じ現場において、悩んでいることが一致しません。発達障害の傾向がある人は自分のことで悩みますが、周りの人はその人のことで悩みます。悩み方、ストレスの感じ方が非対称的です。

たとえば、パワハラをする上司がいて、その部下がストレスを感じるのであれば、

〔パワハラする上司―される部下〕という、パワハラをめぐるひとつの関係性の上での共通項があります。たとえ上司が認めなくても戦いようがあります。相互作用のポイントは同じだからです。

ところが、発達障害の傾向がある人と周りの人では、等価となる共通の問題がありません。周りの人がストレスを感じる場合は発達障害の傾向があるその人にストレスを感じますが、発達障害の傾向がある人は、悪意はないし自分の論理を言っているだけなので、ストレスを感じられても、ストレスを与えているという認識も事実もありません。

故意にしている行為ではなく、その人の特性そのものだからです。なので、周りの人が「つらい」と言っても、そのようなことが起こり得るとわかっている人以外にはわかってもらえない、上司に訴えても「君の気持ちの持ちよう、考え方だよ」と言われる可能性も高いのです。一人相撲のようになり、より深く傷つき、場合によっては恨みや、自分を人として見てもらえていない無力感や、カサンドラ症候群にも似た状態になることがあります。

このストレスの感じ方の非対称性は、どうして起こるのでしょうか。

まず、新卒に限らず、はじめてその職場に入った時のことを考えてみましょう。

初出勤しました。勤務時間は何時から何時まで、休日は何日、休憩室や更衣室はここ、一般的なことは総務や庶務の人が教えてくれます。会社や業務のオリエンテーションを受けます。所属部署に配属され、具体的な仕事は先輩が教えてくれます。チームの場合もありますしシフト体制のこともあります。

新卒者には研修期間を設けて配属部署ではない場所で数ヵ月過ごす大企業もありますが、実際職場に配属され、先輩にいろいろ聞いていくうちに、（朝、来た時は、こんなふうにしなければならない）、（電話は率先して出なければならない）、（このことはこの先輩に聞けるが、あのことは別な先輩に聞こう）、（あの先輩は気難しいから気をつけよう）などと、誰かに言われるわけではないが、職場内の人の理解、状況の理解をしていきます。それらのことを通し、失敗もしながら徐々に自分の身の処し方を学び、その職場における自分を作り上げていきます。

人は仕事によって作られる面が大きいです。何の仕事をするかによって、その人物や人生が決まってくるとも言えます。現在は第三次産業、サービス業の割合が大きく、労働時間もフルタイムでは一日8時間、生活のほとんどの時間を職場で過ごすことになります。職場での身の処し方がわかり自分を作って行ける、現代の言葉では「適応できる」ことが、労働の死活問題となります。

しかしこの第一歩も、誰かが懇切丁寧に教えてくれるわけではなく、マニュアルとしてもらえるわけでもなく、新入職員に不文律として期待されていることなのです。

職務上のことだけではなく、同時に、態度やコミュニケーションの仕方にも一定の型があります。出勤時は「おはようございます」と言う。帰りには「お疲れ様でした」と言う。何かをしてもらった時は「ありがとうございました」、間違った時は「申し訳ありません」と言う。これはその職場によって多少ニュアンスが違います。

芸能界では昼でも夜でも「おはようございます」と言うようですが、表現は違っても、挨拶ができる、「ありがとうございます」、「ごめんなさい」が言える、小学生のようですが、人間関係の一般常識が求められます。

また、社会人として、仕事には遅れない、必要な書類はなくさない、どこにあるかわかるようにする、周りの人に不必要な迷惑をかけない、などが要求されます。一歩進んで、周囲の進捗状況を見ることができる、必要な時に助けを求めることができる、またほかの人の様子を見て声をかけたり助けたりすることができる、というようなことも業務遂行上、期待されます。これは人としての態度の期待とも言えます。

もうひとつ、それぞれの職場において同じような意識、同じような方向性が求められます。日本的な特質もあるかもしれませんが、「職員一丸となって」この商品を売るためにはどうしたらよいか、車なら車の、保険なら保険の、売るための意識。それは企業の目的でもありますが、雇用されている限りはその意識に同調します。

また企業の雰囲気として、家族的であったり、多少の犠牲や身銭を切ることも仕方ないと思ったり、個々、カラーがあります。台風が来ていて、今日は出社しないでくださいという会社もあれば、どんなことをしても来るのが当たり前でしょという会社もあります。

ブラックもホワイトもいろいろありますが、その方向性と異なることをすれば、大概、事務のお姉さんか上司に「普通は～」とか「○○するのが常識でしょ」と言われます。これはその職場の狭い範囲での「普通」と「常識」ですが、なぜそれにこだわるかといえば、同じような意識、同じような方向性を持った人間であれば、同質性が確保され、予測可能性が生まれ、安心感を得られるからです。

これも不文律であり、いちいち口に出して言わなくてもよい集団関係の期待です。純粋な労働能力以上の、情緒的な同一性が求められることになり、何か、昔のやくざの組か「国鉄一家」の名残を感じさせますが、しかしながらこれによって支えられている会社員も少なくありません。生活のほとんどの時間を費やす職場において、安心感というのは重要な要素になります。

とはいえ、現在ではそれに同調できる資質と染められる覚悟がある若者も減って来ていますし、派遣などの非正規雇用も増え、この同質性の期待は「普通」でも「常識」でもなくなりつつあるようです。

働くことにおいて、「適応の期待」と「態度の期待」、「同質性の期待」が指摘できます。

これらはどれをとっても、業務として教えられるものではなく、言葉でいちいち教えるものでもなく、マニュアルにも載っていません。職場の人間関係の中で、やりとりや力関係として、またいろいろ失敗しながら覚えていくことです。それはその職場に応じ、自分を変容させていくことでもあります。

これは個別の事象で考えると、他者への期待です。新入社員の君、一緒に働くあなたへの期待です。

期待というのは応えてくれる人があって、はじめて成り立つものです。『甘えの構造』（土井健郎、昭和46年）を出すまでもなく、日本人のメンタリティとして意識下の要求を期待できる人間関係というのを前提としているのかもしれないくらい、一国の政治の世界ですら忖度というのがあるくらいですから、この目に見えない他者への期待が当然のことになっているのかもしれません。

ここで問題となってくるのは、この期待が裏切られるということです。

発達障害の傾向がある人は、場の雰囲気を読むのが苦手ですから、言葉で教えてもらう以上のことを、身を持って察知するというのが上手くありません。そのため、先のエピソードのようなことが起こります。

現在は、「同質性の期待」以上に、空気を読むこと、気持ちを察知することが、非常に繊細になっているように感じます。微に入り細に入り気にする人や過剰に反応、適応する人もあり、センシティブになってきているきらいがありますが、反面、発達障害の傾向がある人のようにその期待を感じられない、答えられない、受ける側としては裏切られる状況が生じてくるという相反する方向に増長されています。

発達障害の傾向がある人と出会い、心の中で（えっ！）と驚いても、何も言えないのは、これが言葉では教えられない、雲のような人間同士の期待だからです。

実際はそこまでは意識していないでしょう。しかし人の反応に対し驚くなんて失礼だという気持ちや、そこまで要求できるのか、何か理由があるのかな、自分がおかしいのかな、などの意識が働き、その場で驚いたり、注意したり、呆れたりはせず、できず、その場は過ぎていきます。

この驚き、期待の裏切られ感は、続きます。（この時だけかな）と思っていたら、ずっと続きます。はじめに驚いていないものですから、いまさら驚けません。注意をする、こちらの思いを伝えるのは一大決心です。なにしろ、「普通」や「常識」という根拠の薄いものだからです。一大決心をして伝えても、本人には響いていない。本人には悪気はなく、どこが、なぜ、悪いのかわからないからです。

ストレスの感じ方に非対称性が生じるのは、ストレスを感じる基準のものが人としての期待だからです。期待は、応えてくれる人がいなければ成り立たないものだからです。期待という精神的に深いところで人を支えている事柄が、求めようもないという事態に陥るからです。

そしてもうひとつの理由は、周りの人が、幾ばくかのやり取りとストレスの中で（勝ち目がない）と感じることです。発達障害の傾向がある人は悪いことをしているという意識はありません。

むしろ、自分の意識は自分自身で満たされているので、他者の認識が薄く、ほかの人がどう感じているか、あまり考えず興味も薄い。なので、こちらの内的な感情を察して行動してほしいという期待は、届きません。ストレスを感じ、悩みつつやり取りをする中で、相手の変わらなさ、その都度裏切られる痛みを感じ、自分よりも数倍強い、人としての強度を感じます。何を言っても何をしても通じない。ここにも非対称性があります。

しかし、発達障害の傾向がある人は、そんなふうに思われていると感じないでしょうし、なぜそうなのかもわからないでしょう。そこの感受性が低いといったほうがよいのでしょう。それは決して、彼らの意図した、意識した戦略ではありません。そのためはっきりと伝えないまま、伝えなくともわかっているだろうと思いがちで、彼らに伝えられる時は、叱責や否定的評価など業務上の決定的なことになってしまいます。

ストレスの感じ方の非対称性は、周りの人の仕事をする際の期待と、発達障害の傾向がある人の期待を察知することができない強さに起因します。

ふたつの疑問

発達障害の傾向がある人は、おもに仕事ができないということから自分の傾向に気がついていきます。それによって悩み、精神科を受診する人もいるでしょう。周りの人は、その人の存在によって悩み、休職、退職、精神科の受診に至ることもあるでしょう。悩む方向性が違うので、人間関係の加害性としては成り立ちません。ひと言でいうと、両方とも、具体的に何かされたわけでも、したわけでもないのに、病んでいきます。

周りの人で、反応を起こすのはつらいものがあります。自分が苦しんでいることが気づかれにくい構造にあり、そのことによって一層傷つきますし、発達障害の傾向がある人と戦おうにも戦うすべがない、いままで出会って来た人とは違う、こちらの意図が伝わりにくい、人としての決定的な強さに敗北感を感じざるを得ません。そのこともわかってもらえません。

うつ的な症状にもつながりますが、そこに至らずとも、怒りや恨み、嫌悪感を抱くこともあります。それが職場の複数の人に共有されると、排除やいじめにもつながります。数的には、発達障害の傾向がある人は、絶対的に少ないのです。

反応を起こし、つらい思いをしている人がいるという事実は重要ですが、発達障害の傾向がある人に対し嫌悪感、人としての受け入れがたさを生んで行くのも、人と社会の関係として問題です。なぜ、こうなってしまったのでしょうか。

一方で、発達障害の傾向がある人は、仕事がうまくできないという気づきから、戸惑い、悩み、病んでいきます。隠れている職場の期待について考えましたが、まず基本的な期待は、仕事ができるということです。発達障害の傾向がある人は、この基本的な期待に直面します。なぜ、仕事ができないということになるのでしょうか。何らかの兆候はあったかもしれませんが、社会に出るまでは、さしたる問題はなかったのです。

なぜ、勉強はできたのに仕事はできないということになるのでしょう。

このふたつの疑問、なぜ周りの人は反応を起こすのか、なぜ勉強はできたのに仕事はできないのか、考えてみたいと思います。

第5章　発達障害の傾向がある人が職場で問題となる社会的背景

現代社会の中で

まず、職場で問題となることを考えるうえで、現在、働くということがどのようなことなのかを考えてみたいと思います。すると、どうしても、現代社会の特質が問題となります。現代の労働の問題は、資本主義の変容ということと深く関係しています。経済のみならず、政治的、哲学的、思想的問題ではありますが、まさに、身近な問題でもあります。

大きな議論もたくさんありますが、多分言えることは、戦後、資本主義国の一角として高度経済成長を成し遂げたわが国も、70年代80年代と経済の壁にぶつかりました。平たく言うと、以前のように儲からない、経済は成長しない、低成長、持続可能な社会を目指すような事態になっているということです。

資本主義社会は、大雑把に言うと、資本の増大を目指して、より安く原材料を手に入れ、より安く労働力を使い、より高く商品を売ることです。原材料、労働力、市場を手に入れいまよりも収益を増やすためには、現行よりも有利な原材料、労働力、市場を手に入れなければならず、労働力の搾取や海外進出などさまざまな試みをします。

いわゆるフロンティアが必要です。

しかし労働者の権利や福利厚生、グローバル化の進展などで、もはや効果的なフロンティアはなくなってきているという状況です。そうすると、市場自体を現存している社会に向けるようになります。大量消費時代の到来です。現代思想の背景として、仲正昌樹は次のように書いています。

「……、『大衆社会』というのは、経済的、社会学的に見れば、大量消費社会でもある。どちらに動くかわからない『大衆』が、（資本主義の中での）消費者としての充足を求めるようになったことで、社会主義革命のような激しい変動への本格的な支持を獲得するのは難しくなった。そして、生産より消費、とくに文化産業的な付加価値の高い消費財の販売戦略に軸を置きながら発展していく、消費資本主義（あるいはポスト産業資本主義）の顕在化は、ポストモダン思想が台頭する背景となったとされている。とくに日本の場合、一九七〇年代後半から八〇年代にかけて登場した、新しい『消費文化』が、ポストモダン系の『現代思想』の流行を可能にしたと言われている。」（仲正昌樹、２００６『集中講義！日本の現代思想　ポストモダンとは何だったのか』Ｎ

HKブックス83ページ参照）

その後日本は、バブル経済、バブル崩壊を経験してもなお、この消費資本主義、消費を消費で回す経済という特徴はそのまま、あるいは増長されています。

何かを生産してそれを売って利益を得て生活するわけですが、生産することと販売することがもはや離れており、生産することは農林水産業、工業として成立して、売るほうは独立して付加価値をつけて売ることに専念し、実生活の必要の限度を超えて売ることによって利益を生むという構造です。実感としては、スマホはすでに持っていて用事は足りているのに、新しいのが出ると買ってしまうような話です。

大きな観点からすると、資本主義経済の転換点が来ていると考えられていますが、多分それは大局的には正しいのでしょう。

このような流れの中で働き、生きる私たちは、生き方や考え方も変容してきます。私たちは、多分、庶民は、「お金がたくさんあればいいなぁ」と思っています。なぜたくさんお金がほしいかというと、自分のほしいものが買えるからです。自分のほしいものが自由に買えることが、幸せになります。お金がある―自分のほしい付加価値の高いものが自由に買える―幸せということになります。お金がある＝消費＝幸せです。経済的な豊かさに支えられ、もはや食うや食わずの生活の必要に迫られなくなったことは幸せなことと言えるでしょう。しかし、いまや幸せは付加価値の高いものを手に入れること、消費になりました。

それらの揺り戻しのように、あるいは常に、人間としてどうなんだろうという問いが、波のように繰り返されますが、この経済的な仕組みの中にいて、それらに絡めとられているとすれば、難しい問いかけになります。

働くこと＝雇用されること

当然の帰結ではありますが、現在は第三次産業の比率が高くなっています。そのため多くの人は、第三次産業に雇用されて、働くことになります。

「就活」に代表されるように、若者が社会に出ること＝被雇用者として職に就くこと、と認識されています。それも多くは、製造職や技術職ではなく、企業の事務関連職です。

そして希望は「よい会社」です。「よい会社」は、安定した大企業でお給料のよいところです。現在はお給料がすべてでもなく、残業が少なくて休みが多いなども「よい会社」の基準になっているようですが、とりあえずはそういう会社に雇用されたいのです。直截に言ってしまえば、自分の労働の対価としてより多くのお金を手に入れ、残業少なく休み多く、自分の私的な時間を増やし私的なことに費やしたい、私的な消費に充てたいということです。

身もふたもない話で申し訳ありませんが、発達障害と診断された人の職業相談で、求人を探していました。すると「これくらい（の仕事）なら、ガマンできます」と言いました。あとはゲームなどの自分の趣味に費やせたらいいと話しました。

労働は、消費のための手段になったのです。

労働による「自己実現」など死語の世界です。

マルクス的に言うならば、労働は資本に搾取され自己と労働という主体的な関係から疎外されることが問題でしたが、いまや、利益の原資となる消費に、自らを提供するために労働している、それで十分だと思うように慣らされてきているとさえ思ってしまいます。

とはいえ、資本に使われ労働するという構造に変わりはなく、利潤を求める資本は、自分にとって、より都合のよい人材を得ようとします。どんな人材でしょうか。過酷な労働にも文句を言わず、昔なら労働の再生産（明日も働ける）のためにお給料をもらう、現在ならば個人的な消費に満足する人間です。

もちろん労働能力はある程度必要です。企業という利潤追求体のひとつのパーツになることができ、個人的な消費に楽しみを見出す人間です。これらはコインの裏表、いまやセットです。産業社会が求める人材は、決して私のように、働くことが自分のしっぽを食べているようなものだなとゴタクを並べるような人間ではありません。

その上にもうひとつ、低成長、不景気なものですから、企業は働く人間の数をできるだけ少なく、安く抑えたいと思っています。派遣などの非正規労働者の増加もその一端です。そのため正規雇用者は、多くのことを求められます。ひとつの作業だけしていればよいということではありません。臨機応変に何でもできる、特に、非正規労働者に働いてもらうにしても何にしても、調整業務、管理業務を担わなければならなくなります。労働自体が、人間関係的により複雑になる傾向があります。

障害者の相談でも、事務職の希望は多いです。また、障害者求人も事務職は多いです。ちょうどよさそうに見えますが、特に精神障害のある人はデータ入力など業務内容の決まっている仕事を希望しますが、いまや、データ入力だけの仕事はアルバイトやパート、就労継続支援事業所A型やB型に発注することも多く、単一の事務作業の求人は少なくなりつつあります。事務と言っても、メインの事務をこなしつつ電話を取り書類を作成し雑用をこなす、などが求められます。電話応対だけで不安を感じる人も多く、なかなかマッチングは難しいです。

ましてや「よい会社」となると、チームで協調し、ホウレンソウ（報告・連絡・相談）を大事にしながら働かなければなりません。ひとつの案件を仕上げるのに、会議、資料作成、プレゼン、書類作成、スケジュール管理、他部署、クライアントとの連絡調整などなど、多くの要素が含まれます。何と大変なことでしょう。

仕事の特質と発達障害の傾向がマッチしない

社会的背景のひとつは、仕事の特質です。ここでは、第三次産業の会社員をモデルに考えていますが、実際に発達障害の傾向が問題となるのは、サラリーマン、事務職が多いように感じます。一人でする仕事や専門職はあまり問題とならない傾向にあります。

大人になってから発達障害と診断される場合、社会的要求の限度を超えると症状が明らかになる傾向にあります。この社会的要求とは何か。職場においては、先にあげたように、協調性やコミュニケーション力、発言力やまとめる力、管理、連絡調整力になります。

これは就職すると普通に要求されますが、それほど簡単なことではありません。この社会性とコミュニケーション能力の要求は、非常にタイトなものです。自分の好きな時間に好きなように、ほかの人のことはあまり気にせず、仕事をするわけではありません。タイトな資質が求められます。

では、どんな発達障害の特徴が、これらの要求と相容れないのでしょうか。

具体的なエピソードについては、前章で書き連ねましたが、その特徴についてまとめてみましょう。発達障害は、社会性の障害と言われています。コミュニケーションや対人的相互対応の障害と言われています。先の仕事における社会的要求の最初からつまずきます。社会性が必要な仕事に、社会性に乏しい人が就いてしまったのです。

具体的には次のようなことが言えます。

・自閉的で他者の認識に乏しい。ほかの人のことは考えない。
・頭の中で自分が考えることがすべてだと思いがち。その点では自己中心的。
・その場で求められる対応ができない。人においても場所においても。
・こだわりが強い。自分のやり方にこだわる。結果的に仕事が遅い。
・不注意、もしくは無関心。物をなくしたり、関心のないことは聞いてなかったりする。
・優先順位がつけられない。仕事が効率的にできない。
・課題を先延ばし（先送り）する。
・マルチタスクの対応ができない。

ＡＳＤの傾向とＡＤＨＤの傾向を分けないで書きました。両者とも発達障害と理解されており、自分の考えやこだわりで、ほかの人や状況の認識が入ってきづらい脳神経的状態で、ＡＳＤの人は、より自閉的ですし、ＡＤＨＤの人は行為や関心においても、より多動的と言えます。決定的にこのタイプと言える人もいますが、重複している、あるいはどちらかというと一方の傾向が強い、というようなことが多いです。

ただ明らかなのは、資質と仕事の社会的要求が合っていないということです。

言うなれば、社会的要求としては、思考の柔軟性と行為の確かさが求められますが、発達障害の傾向としては、思考の固さと行為の不確かさがあります。行為の不確かさは、場違いやルーズと思われてしまいますが、多くの場合脳神経や不安に左右されますから、本人の努力が足りないとか甘えているとかいうことではありません。発達障害の傾向がある人にとって、会社で一般的に要求される業務内容は難しい、仕事ができないという評価につながります。

こう書いてしまうと、社会性が絶対条件のように思えてしまいますが、生きて行く上では、社会性に乏しくてもそれほど問題ではありません。最低限度、社会生活が送れるくらいあればよいのです。無口な人、シャイな人、ちょっと変わり者だけれどどこの仕事はきちっとやる人、社会にはいろんな人がいます。ただ、現在は社会性があまり問われない仕事が少なくなりつつありますし、好まれないという傾向にあります。

〝学校レール〟

現在、仕事をするのはほとんど雇用されることであり、雇用先の多くは企業です。そしてできるだけ「よい会社」に入りたいと思っています。「よい会社」に入り、高いお給料とよい条件を手に入れたいと思っています。

就活する際には、一応、どんな会社でどんな仕事か、総合職か一般職か、技術職か営業職か等々、調べて応募しますが、具体的にはこのように社会性や人間性が求められることなど、入る前はなかなか想像できません。会社の中で働くことに、どのような常識が求められるか、働くまで誰も教えてくれないからです。

そんなことは教えなくてもわかるだろうと思われていますが、そうでもなく、人の中に入って働くことを知ることから、始めないといけない学生もいます（高収入の家で育ちアルバイトもしたことのない学生は気の毒です。アルバイトをしていれば、働くことがどんなことであるか、少なくとも事前に身を持って知ることができます）。

では、「よい会社」に雇用されるためには、どうしたらよいでしょう。

一般的には、「よい大学」を出ることです。「よい大学」に入るためには「よい高校」、そこに入るためには「よい中学」……と、いまやそのゴールを目指して「よい幼稚園」から始まります。それは、特に都市部では、一般常識のようです。一般的な常識は、社会的な規範になります。「お受験」などと言われていますが、熾烈な幼稚園入園競争の話など聞くと、私のような田舎者は、気が遠くなるばかりです。

　教育、特に幼児教育などを考えても、児童が発見されたのは20世紀であり、それほど昔ではありません。１９００年にエレン・ケイという社会思想家が、『児童の世紀』を著しました。それまで子どもは小さな大人であり、７歳も過ぎたら労働力として数えられました。

　20世紀になって、子どもには心身ともに発達の過程があり、保護され尊重されなければならないものになりました。発達心理学の出現と符合します。それ以来１００年ほどの間、いろいろと教育についても考えられてきましたが、子どもはこう育てたらよいという定説は見つかっていません。その社会の特徴に依存しているということもありますが、控えめに言っても、決定打はありません。すばらしい幼稚園に入れても、必ずしもすばらしくなるわけではありません。

それでも「よい幼稚園」からスタートしないと気がすみません。万全を尽くそうとすれば可能な限りそうなりますが、この最終的には「よい会社」のゴールに至る社会的規範を〝学校レール〟としましょう。この〝学校レール〟の「よい」は何かというと、次の学校に入れるために「よい」ということです。よい幼稚園、よい小学校、よい中学校、よい高校は、よい大学に至るまで、次のよい学校に入るための手段としてのよさです。全体的な子どもの発育を考えるとか、学習を楽しむなどは二の次になります。すべてが手段です。そのためには幼い時から塾に駆り立てる、そのレールに乗せ、落っこちないように手を尽くし血道を上げるのが、親の務め、親の愛情だと思われています。

そしてこの「よい」は何によって評価されるのでしょうか。名門と言われるネームバリューもありますが、第一には偏差値です。偏差値は、テストの点数の分布です。すなわちテストの点数の高い学校が「よい」のです。

現代の教育の落とし穴

　発達障害の傾向がある人が職場で問題となる、もうひとつの社会的背景は、教育のあり方です。

　いまや、子どもに期待する第一は、勉強ができることです。勉強ができることがよいことであり、エライのです。勉強ができるとは何でしょう。「勉強ができる」＝「テストの点数がよい」というのが一般常識です。子どもたちの第一の価値は、勉強ができる、テストの点数がよい、ということになります。

　これを勉強第一主義と言うことにします。勉強第一主義は社会の価値観であると同時に親の価値観であり、それが子どもたちに浸透します。それが日常生活を通し子どもを育てます。またもうひとつの側面として、テストの点につながる教育のあり方があります。教育効果として点数を多く取れるようになるかもしれませんが、社会の中で生きていくには、いくつかの不都合を宿しています。

・勉強さえ、できればよい

勉強さえできれば、ほかのことは大目に見てもらえる。たとえば、朝は起こされなければ起きられない、片づけができない、食べ物の好き嫌いが激しい、時間の管理ができない、ありがとう、ごめんなさいが言えない、等々、その子が今後日常を生きて行く上で必要な生活様式を身に着けていなくとも、勉強さえできればよい。勉強さえできれば、あとのことは大目に見る。親の意識が、勉強に比重が大きくなり過ぎて、結果的にそうなってしまうことがあります。

・テストの答えはひとつ

テストでは、この問題にはこの答え、ひとつの問題には○をつけてもらえる答えはひとつです。そんなことはテストという特殊環境だからであり、現実はそうではないということが、逆に考えられなくなります。

現実には、いくつもの答えがある、答えがないこともある、それは当たり前ですが、どんなことにもひとつの答えがあるという意識が優勢になると、そうでなければ耐えられないような心持ちになります。ＰＣやゲームも、ひとつの操作にひとつの結果です。ひとつの答え、ひとつの正しさしかないというのは、硬直した思考です。現実に対する脆弱さにつながります。

・ひとつずつ、順序よく教えてもらえる

学校の勉強だからです。全体的な状況を見て、その中から学ぶ、見て学ぶ、自分で考えて学ぶ、わからなかったら聞く。そうではなく、自分が学ぶというよりも、教えてもらえるのです。

そして塾や家庭教師にお金を払いさえすれば、手を変え品を変え、わかるまで何度でも教えてもらえます。全体を見て学んで理解しなくても叱られません。教えてくれることが当然だからです。「教えてもらっていないので、できませんでした」というのが正論になります。これも教科の課程としては成り立つでしょうが、その後の人生では通用しません。

・ほぼ、紙の試験

英語のリスニングやスピーキング以外は、ほぼペーパーテストです。紙の上のテストです。聞いて理解したり、自分の考えをまとめて話したりということは求められていません。視覚的理解がすぐれていればいいのです。私の友人の元小学校教師は「いまの子どもたちは、黙っていることが聞くことだと思っている」と嘆いていました。

それは先生方が「静かにして！　先生の話を聞きなさい！」ということに一因があると言っていましたが、「聞くということはただ黙っている、おしゃべりをしないということではない。聞くことは、何を言っているのかな？　それはどういうことなのかな？　と頭の中で思いめぐらすことだ」と言っていました。紙の上のテストに、それは必要ありません。紙の上に見えないものは、ないものと同じです。

日常生活の自立、答えや正しさはひとつではないとわかっている、周りや全体を見ることができる、聞いたことを理解し、自分の考えをまとめて、話すことができる、自分から何かをする。テストのための勉強がすべてだとすると、これらのものは子どもたちが育って行く中で取りこぼされていきます。

また逆に、このようなことができなくとも、点数が取れることになり、発達障害の傾向があっても大丈夫なのです。むしろ適応はよいかもしれません。ひとつの問題にはひとつの解答、全体でなくそのことがわかればよい、ひとつひとつ教えられることだけが重要、聞くことに重きを置いていない。発達障害の傾向のある人には、苦手なことではないでしょう。学歴の高い人に、発達障害の傾向がある人がいるとしても、現代の教育の特徴からすると、不思議ではありません。

最近は発達障害のグレーゾーンという言い方をよく聞きます。まさしく、発達障害の傾向ということになりますが、特に若い人に多く、このような教育の落とし穴が影響しているのではないかと思います。

日常生活の能力はさておいても、勉強を重視し、紙のテストという目に見えるものの評価は感覚的にも視野を狭め、順序よく教えられる、ひとつの答えしか認めない、それらは思考を硬直させます。そして、すべてが次に行くための手段だとすれば、いまに生きていることから一歩退かせます。自閉的傾向に追いやるには十分です。

若い人だけではありませんが、いまは電車などではスマホを見ている人がほとんどです。イヤホーンは若い人が多いです。スマホをずっと見ながらイヤホーンをしている人は、幽霊の逆パターンだなと思っていました。幽霊はここにはいないけれど意識はここにある。彼らはここにいるけれど、意識はここにないのです。むしろ外界の刺激がないほうがよい、遮断したいと思っているのだなと思いました。外界からの刺激を遮断しなければ、とてもここにはおれない、他者と関わって、自分の想定を超えるような不確実で不安なことにさらされることはできるだけ避けたい、自分の世界にいたい、そんな自己表示にも見えます。自閉的な傾向です。

結果として、グレーゾーンを作ってしまう、教育の落とし穴があるのかもしれません。

脳神経的な障害としての発達障害は確実にあります。しかし、その傾向、脳神経的な特徴がある程度あり、教育のあり方によって増長される、また今回問題にしている仕事の社会的要求によって症状が発現する、というのはきわめて社会的なことです。

仕事の特質と教育の結果

結論的に言うと、会社員の仕事は発達障害の傾向がある人には向いていません。そして、会社員選択が一般的になり、仕事の内容的に社会性を強く求められるようになった経済社会的背景がありました。

またもうひとつの背景として、現代の教育のあり方がありました。

これらのことから、よい点数を取って高学歴でよい大学を出てきたとしても、発達障害の傾向があり、仕事がうまくできない、周りの人とうまくやれないという人たちが出てきても、不思議ではなくなります。長い〝学校レール〟のゴールにたどり着いたとしても、スゴロクが上がれないということも出てきます。

学校時代と就職してからの求められることにギャップがあるのです。学校時代に適応できたとしても、社会性が育っていないと、乗り越え難いギャップになります。結果的には、産業社会が期待する人間像というわけにはいきません。求められる労働者像が社会の流れの中で変化し、これまでは問題とされなかった発達障害の傾向が問題となるようになったのかもしれませんし、〝学校レール〟の徹底で発達障害の傾向があっても高学歴にまで至るようになったのかもしれません。

そしてまた落とし穴のように、教育のあり方がグレーゾーンを作っているのかもしれません。どちらにしても、事実として、少なからぬ人々が発達障害の傾向によって職場でうまく行かず、自分があるいは周りの人が、悩み苦しみ、働くことに支障を来たす可能性があります。

第6章　発達障害は増えているのか

漠然とした不安

最近では発達障害の認識も進んできましたが、発達障害が話題になる前は、対人的なやり取りでの違和感が取りざたされました。「ジコチュー」自己中心的、「KY」空気が読めない、「コミュ障」コミュニケーション障害など、何かちょっと自分の感覚とは違うという印象です。

その延長線上で、おおよそ発達障害も理解されています。しかし、目に見えるものではなく、対人的なやり取りでの主観的な感覚なのではっきりとしませんが、ほかの人に影響を与えるので、そうだったらどうしようという不安を与えます。

自分も発達障害なのではないか？

自分の配偶者も？

自分の子どもも？

職場の同僚も？

よくわからない何かであるかもしれないという不安です。

また一方で、発達障害の発達の凸凹で突出した才能を開花させる人もいて、評価は

否定的なものばかりではなくなっていますが、それでも普通に社会で過ごす中では不安になります。

「発達障害は増えているのですか？」とよく聞かれます。

現代社会において、ある現象に名前をつけると、名指しされた人々は増えていきます。ちょっと内気で漫画やアニメを偏愛する人をオタクと呼べば、あの人もこの人もと、巷にオタクは増えていきます。ふわふわと仕事をし、それでいてちょっと図太そうな若者をゆとり世代と名づければ、その辺の年齢の人はゆとり世代と言われます。

同じく発達障害や発達障害の傾向がある人を「ハッタツ」と言えば「ハッタツ」は増えていきますし、痴ほう症が認知症となり「ボケ」ではなく「ニンチ」と言われたら「ニンチ」は増えていきます。事実や実数とはあまり関係なく、私たちの認識の中に定着し増えていきます。「ニンチ」や「ハッタツ」がスラングになり、理解とともに、人の形容となり、不安を駆り立てるのはあまり好ましいとは思えませんが、それでもやはり、自分ではあまり自覚できないけれど自分自身に関することなので、不安を抱きます。

図表4　平成28年生活のしづらさなどに関する調査

精神障害者保健福祉手帳所持者数　（単位：千人）

	総　数	年齢階級（歳）								
		0～19	20～19	30～39	40～49	50～59	60～64	65～69	70～	不詳
平成28年	841 (100.0)	18 (2.1)	74 (8.8)	118 (14.0)	179 (21.3)	141 (16.8)	64 (7.6)	59 (7.0)	155 (18.4)	33 (3.9)
平成23年	568 (100.0)	11 (1.9)	33 (5.8)	98 (17.3)	119 (21.0)	96 (16.9)	61 (10.7)	35 (6.2)	109 (19.2)	5 (0.9)
対前回比(%)	148.1	163.6	224.2	120.4	150.4	146.9	104.9	168.6	142.2	660.0

出典　厚生労働省

増えている

そしてまた、実際に増えているというのが大方の見解です。

実際の数値は非常にとらえにくく、あくまで推計値ですが、平成28年の厚生労働省の「生活のしづらさなどに関する調査」で発達障害と診断された人は48万1千人と言われています。その中で精神障害者保健福祉手帳を所持しているのが76・5%とのことで36万8千人になります。精神障害者保健福祉手帳所持者総数が84万1千人で、パーセンテージとしては44%になってしまいます（図表4）。

精神障害者保健福祉手帳を持っている人の半数近くが発達障害者ということで、手帳の所持に関しては驚くべき数値です。実感としては少し違和感があるので、

図表5　障害者の状況　年齢階層別障害者数の推移（精神障害者・外来）

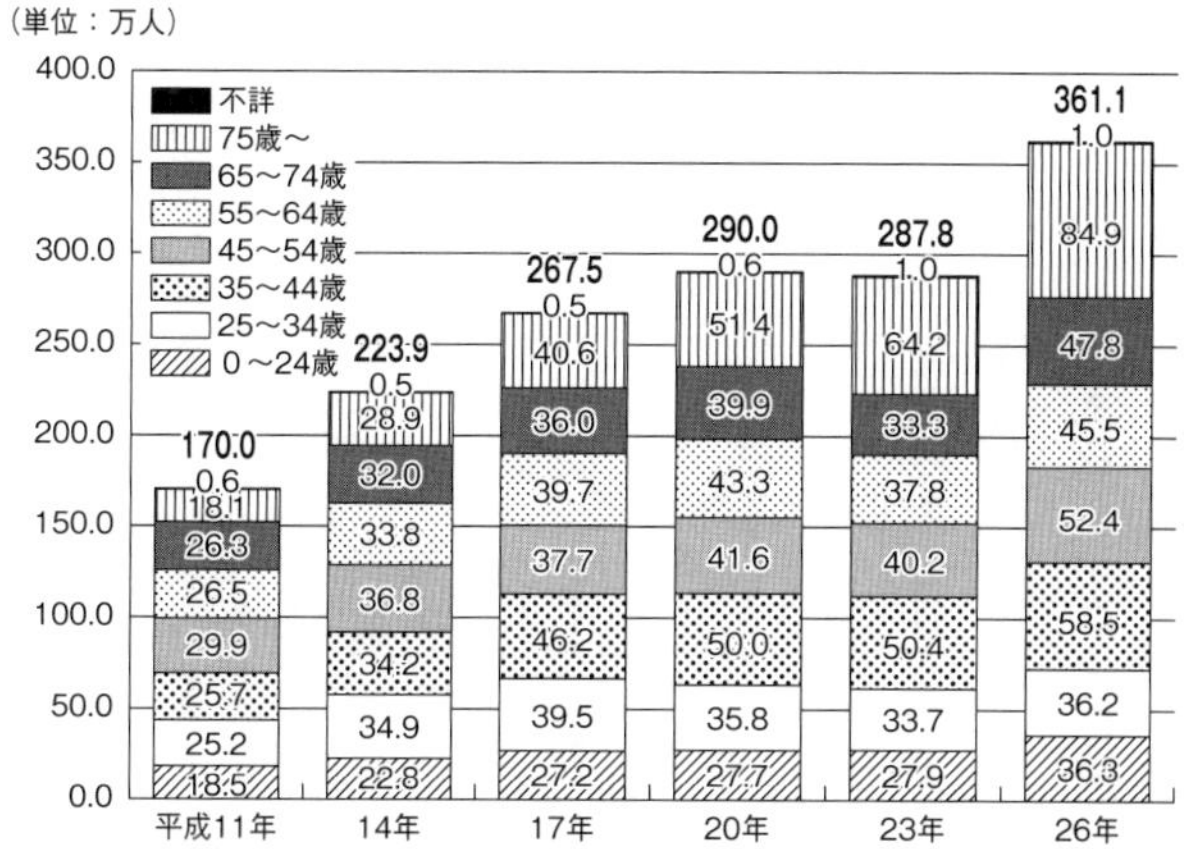

注1：平成23年の調査では宮城県の一部と福島県を除いている。
注2：四捨五入で人数を出しているため、合計が一致しない場合がある。
資料：厚生労働省「患者調査」（平成26年）より厚生労働省社会・援護局障害保健福祉部で作成
出典　内閣府

どれくらいの人が精神科を受診しているか、たとえば発達障害者の推計値48万1千人が通院しているとし、外来に通っている精神障害者の数が平成26年の統計で361万1千人（図表5）、調査年が違って申し訳ないのですが、精神科の外来に通っている人の13・3%、10%強が発達障害ということになります。

雑に考えても、20年前は発達障害と診断されることはなかったわけですから、発達障害と診断される人は増えているのです。数字となって出てきているのは、あくまで精神科を受診した人数であり、発達障害と診断された人の数です。いつからいつまでで何人増えているのか、もとから発達障害はあったのか、に答えられるものではありません。診断されるようになって、その数が増えたということしか言えません。

しかし、発達障害児は発達支援センターなどの利用数から、増えているというもっと詳しいデータがあります。発達障害は、子どもの時からの障害として認識されていますから、児童の精神科医からは10人に１人くらいはいるのではないかとも言われていますし、20人学級で１～２人、発達障害の傾向がある子がいるとしても、現在は実感のあるところです。大人に関しては、精神科での診断数の推計ですから、その裾野に関してはよくわかりません。

現在発達障害の理解が進み、歴史上の有名な人物も発達障害だったのではないか、この天才的有名人も発達障害だろう、というようなことが言われるようになりました。発達障害の肯定的な特性を認めるということになりますが、その天才的な特性が障害なのかどうかはわかりません。生来の脳の障害と考えられている発達障害の障害特性は、社会的障害であり、社会というフィルターが大きいので何とも言えません。

たとえば、織田信長が発達障害だとしても、障害が問題だというよりも、ほかとは違う傑出した武将であるということが際立っているのです。ほかとは違うことイコール発達障害ではありません。

また発達障害だからすばらしい才能があるに違いないというのも間違いです。発達障害と診断された青年が、就労支援事業所の職員に「あなたには、きっとすばらしい才能があるのよ！」と言われ、「発達の凸凹はあるけど、発達障害者が全部天才的な才能があるわけじゃないんだ！」と怒っていました。彼にとって、そんな期待や励ましは迷惑で、発達障害者も一般の人も、天才的才能がある人もいればない人もいる、それは当たり前のことです。

また「どうして増えているのですか？」と聞かれることもあります。原因はよくわからないのです。脳神経の問題であり、遺伝的要因も大きいと言われています。今回は大人の発達障害について取り上げていますが、知的障害を伴う自閉症など明らかな発達障害の子どもたちに会うと、まさしく発達障害は存在するということを実感します。

しかしそもそも、第二次世界大戦の頃、ほかの知的障害児とは違う自己の世界に閉じこもる子どもたちが発見されましたが、なぜこのような子どもたちが存在しているのかはわからないのです。そしてその自閉的な傾向が、なぜ知的に問題はないと考えられる子どもたちにも増えてきたのか、そして大人になってからわかるようになったのか、このなぜという問いに明確に答えるものはありません。

基本的には人間の脳の話であり、それがなぜ増えてきたのか、コンピュータ、パソコン、ゲームのせいでしょうか、誰かが水道水に何かを入れたのでしょうか、環境ホルモンのせいでしょうか、母親が化学物質の入っている物を食べたせいでしょうか、父親が36歳以上の時の子だからでしょうか、愛着トラウマに見舞われたせいでしょうか、いまのところはっきりした原因はわからず、今後の研究に委ねるしかありません。

発達障害だとしても

自分もそうかもしれないという不安が強くなり、「発達障害の検査をしてください」という人は、少なくありません。現在発達障害用の検査も開発されていますが、日本ではまだそれほど普及していません。

一般的に発達障害の検査の内容はおおよそ知能検査と一連の性格検査で、臨床心理士（いまは公認心理師）が行います。心理的な傾向や凸凹、発達障害のタイプや程度、状態の判断の一助にします。あくまで診断のための検査で、検査後結果も知らされ、発達障害の診断がなされることもあるでしょうし、あるいは心理的、性格的傾向の説明に留まることもあります。

発達障害と診断されて、ほっとする人とショックを受ける人がいます。ほっとする人は、いままで自分が苦しんできた特性が何かわかったからということが多く、ショックを受ける人はその障害を引き受けて行かないといけないと思うからだと思います。

しかし検査は、「あなたはこうですから、こうしなさい」という決定論的なことではありません。検査を受けることが即解決になるわけではありません。これまで具体的にどのようなことに苦しんできたか、いまどんなことに悩んでいるのか、そのことのほうが重要です。

また「私に合う仕事を教えてください」とも言われます。その人の特性から判断してこれは難しいかなというものはありますが、このタイプの人にはこの仕事、というひとつの答えがあるわけではなく、仕事をする際には内容を検討しなければなりません。ひとつの問いにひとつの答えがあるということではありません。

「障害」と言われていますので、「治るのですか?」と聞く人はあまりいませんが、最近は治る、よくなる、という表現に出会うようになりました。原因はいまのところはっきりしていないので、治るとは言い難いです。将来脳内の代謝を測ることができ治療に結びつけられるかもしれませんが、いまのところ、よくなるというのは社会的な適応の向上、認知行動療法等を通じて、その特性に合った対処方法を身に着けて行くという域を出ないと思います。子どもの場合は、療育など、発達障害プログラムを多く開発、実践しており、早期に介入することが重要になっています。

発達障害が増える社会

日本は発達障害が多いと言われています。診断や文化的な差もありなかなか比べにくいところはあると思いますが、先のエピソードの女性のように外国で働いていた時は問題にならなかったのに、帰って来てから不適応を起こすということがあり、国によって違いがあるようです。

また大人の発達障害と言われるものになると、より文化的なメンタリティが問題になるように思います。

生来の脳の特性であり、振り返ると幼少期から（現在は12歳前までに）その特徴があり、大人になるまではそれほど問題にならなかったのに、大人になってから問題になるということはどういうことでしょう。

前章で述べてきたように、学校に行っている間は、発達障害の傾向があっても問題にはなりにくいと考えるのが妥当だと思います。知的障害を伴わない、日常生活がある程度できる、そのような子どもであれば問題は見えにくいのです。むしろペーパーテストの適応はよいかもしれません。そのような子どもがいることが問題なのではなく、どの子についても社会性を伸ばすような教育ではない、ペーパーテスト中心の受験教育だということです。自閉的な傾向を身に着けてしまうとしても不思議ではありません。

そしてまた、仕事の人間関係の中でふれましたが、人間関係の中に期待があります。それは多分どの国にもあるでしょう。ただそれが、暗黙の了解だということです。ともすれば期待していたことも気取られたくない、そんなふうに思っていると相手に知られると相手に負担をかけるのではないかということまで気にしてしまうような念の入れ方です。相手の希望や必要をそれとなく気づき、さりげなく対応するのが美徳であるという意識もあります。

これは難しいコミュニケーションです。バスの2人掛けのシートで奥の人が降りる気配を感じたら、通路側の人が無言でちょうどよいタイミングで立つ、そんな話です。マルクス・ガブリエルは日本、特に東京の印象を「静寂が叫んでいる」と言っていますが（『マルクス・ガブリエル　欲望の時代を哲学する』２０１８、ＮＨＫ出版新書Ⅰ章静寂が叫ぶ国・ニッポンを哲学する　４静寂が叫んでいる―再び東京にて）、これは環境が共有されており、意識や考えもある程度共有されているからできることです。暗黙の了解、静寂に見える人間空間は、このようなコミュニケーションの特質に支えられています。なので、何となくずれがある時は新人類やゆとり世代などのように別のものとして名前をつけます。異質性の受け入れにくさがあります。

まさにこのような、言語化すらしていないものの理解に依拠しているコミュニケーションは、それが苦手な人を際立たせます。発達障害の傾向が問題化しやすい素地です。

その上、対人的に自分の気持ちをストレートに言わない、人に対しなるべく否定的なことは言わない、そのような対人反応になっています。はっきり言うことは避けなければなりません。イジメやハラスメントになってはならないのです。そこに臆病とも言える、感情表現の抑制があります。職場の周りの人のつらい反応にもつながっていきますが、自分の反応や感情を伝えないと、いつまでも相手には何も伝わらず、結果的に助長してしまうことになります。

言わなくてもわかるでしょ、常識でしょ、できればそんなこと言いたくない、そんな気持ちが強いのかもしれません。しかし気づかず、わからないことも多いのです。そのような真綿で首を絞めるような気遣いの人間関係は、発達障害の傾向がある人にとって、社会性やコミュニケーションを学びにくくしていきます。最終的に周りの人が耐えられなくなって爆発するまで、何も起きていないように見えるのも日本的なのかもしれません。


暗黙の了解の非言語的要求に基づいたコミュニケーションは、ひょっとしたらずっと昔からあったのかもしれませんが、いまや異なる人、外国人もたくさんいる時代、難しくなってきていると言えます。教育の特質、コミュニケーションのあり方、対人的な臆病さ、これらは発達障害の傾向がある人を際立たせ、現象として発達障害が増えているということにつながっていると考えます。

図式的に言うと、「生来の脳の傾向がある——社会性が育ちにくい——それを受け入れにくい環境にある」となります。簡単にはほどけない塊ですが、たとえ生来の傾向があったとしても、ほかのふたつが違えば、障害としてそれほど問題とならない可能性が高いです。たとえば、都会の学校から田舎の学校に転校し、生徒数も少ないので自分も発言し何でも参加しなければならないし、ほかの生徒とも話し合わないといけないということが日常的であれば、社会性は否応なしに育ちます。

また、モデルとしている会社員ではなく、それほど複雑な社会性を求められない仕事であればやって行けるということもあります。発達障害が増える、特に大人の発達障害が増えるということは、単一の理由によるものではないと考えます。

時代の病気

発達障害の傾向については、明らかに発達障害がある人から一般的な人まで、発達の凸凹の程度によってグラデーションのように連続しているのではないかと考えられます。どこからが病気、障害なのかと言われると難しいところですが、ＤＳＭ‐５では神経発達症と神経発達障害と併記していますが、脳の器質的な疾患により障害として発現するということはあり、病気としてとらえ直すことができるものもあると言えます。

たとえばダウン症や脳性麻痺などは発生機序がわかってきたものです。明らかに発達障害の傾向が強い場合は、脳の先天的な病気としてとらえ直されて行くのだろうと思います。

しかし、発達の凸凹の程度というのは難しい問題です。誰しも凸凹があるからです。

むしろ、社会的にこれほどの広範な現象になったことに、時代を感じます。

かの有名なＳ・フロイト（１８５６‐１９３９）は、19世紀後半から20世紀前半にかけて生きた人です。業績と後世に与えた影響は甚大なものがあります。その中で、防衛機制と神経症も発見していきます。この時代は資本主義が大きく前進し、人々の生活や考え方も変わって行く時代でした。時代の大きな転換点です。自我理論では、ゆで卵を半分に切ったものを想像していただければと思いますが、中心にエスと言われる欲動があり外側の殻の部分にスーパーエゴと言われる価値や規範がありその間にエゴ、すなわち自我があり、エゴがエスとスーパーエゴの調整をし適応に至らせます。このエゴが働かない時に、症状となって現れます。エスをスーパーエゴの要求から守るための心理的な働きが防衛機制です。

穿って考えると、時代の中で経済のみならず文化や社会的な規範も変わって行く中で、自分を守ることができない、そういう状態での疾患であったのではないかと思います（現在、神経症は○○不安障害などになりました）。

発達障害が広範に認められるようになったのは、２０００年にまたがる数十年です。単純な知的障害ではない、社会性の障害、注意、関心、コミュニケーションの障害として認識されるようになりました。言うなれば、発達障害を発見したのです。労働のところで少しふれましたが、現代は時代の大きな転換点です。１００年前が資本主義の前進であれば、現代は資本主義の変容です。特徴のひとつは労働力も自分、利潤の原資である消費も自分という消費資本主義に変わってきていることと、もうひとつ外せないのはＩＴ社会ということです。

　これはどのような認識を与えるかというと、人工物を購入することが推奨され生活は人工物で囲まれるものだという考えです。都市化はまさにそれを代表しています。人々の意識が、人工物に近くなっても不思議ではありません。

　人工物は、予測可能なもので、機械、特にＩＴ機器はシステムという自己完結する考えの中で組み立てられています。機械はシステムという一定の環境を仮定して作られています。そのシステムに外の影響で何らかのイレギュラーなことが起きたら、それはエラーと言われます。一定の考えの上で完結しているシステム環境は、間違うことがないと考えられています。生活は消費による人工物で満たされ、人の思考は機械に近くなります。

　そう考えると、発達障害の傾向がある人は最先端です。彼らはしばしば、自分の情緒的な反応に対しパソコンの用語を用います。先のエピソードの彼は、仕事の最中に別の仕事を頼まれることを〝挿し込み〟と言っていました。また、別の人ですが、発達障害の傾向がある人は切り替えがうまくなく、嫌なことがあってそれをずっと引きずって「別なことで〝上書き〟されないと、次に行けない」と言いました。彼らは自分の反応とパソコンを同一視できるのです。

これが時代の病気なのか進化なのかわかりませんが、事実として起きています。

一方で、会社員においては、より複雑な人間関係、社会性を仕事で求められます。パソコンを駆使しながら、より高度な社会性の中で生きることが求められています。異なるふたつの性質の中で生きる、労働と消費の関係もそうですが、人間的には矛盾をはらんだ状況です。

第7章　人間的違和感の考察

人間的違和感

発達障害の人と接し、もうだいぶ慣れてきましたが、発達障害の違和感は障害というよりも、人としての、あるいは哲学的なことにつながる違和感です。社会性やコミュニケーションの問題の根底にあるものかもしれませんが、これまで人のあり方として追求してきたこととは何かが違うと思わせる違和感です。

当然ながら、発達障害の人を責めているわけでも非難しているわけでもありません。むしろ、社会の中で自然発生的に、こうなったと考えたほうが妥当ではないかと思います。個人の責任でもないし、個人のことを言っているのではありません。

これは時代の転換期における、人間のせめぎ合いかもしれません。

これまでも、軽度の知的障害か発達障害と思われる人はいたのです。落語の中にも、ご隠居に三つほど買物を頼まれ、ひとつふたつ忘れて来る、熊さんや八つぁんもいました。また日本の昔話に「馬鹿むこどの」の話がいくつもあります（関敬吾編、１９５６年　日本の昔ばなし（Ⅱ）『桃太郎・舌きり雀・花さか爺』岩波文庫ほか）。

そこでは「ばかだねー」と言われたり呆れて笑われたりすることで、世の中の常識とのずれを少しずつ知って行く、そして人の情感的なつながりの中に包摂されてきたと思います。いまや、多様性の社会などと言われ常識と呼べるものの自信もなくなってきました。また「ばかだねー」とも言えませんし、呆れて笑うこともできません。特に、勉強さえできれば、偏差値の高い大学を出れば、エライと思われ社会的に認められるのです。

この、人の情感、人間とはどういうものか、存在的な問い、倫理や哲学につながる感覚と、機械的、システム的、自己完結的な感覚には、距離があります。便宜的に、古い感覚と新しい感覚と呼ぶとすれば、このふたつの感覚はせめぎ合っている。それがさまざまなところで、職場の中での葛藤にも、深いところではつながっていくと考えられます。

進化があるとすれば

個人的には、進化論もひとつの仮説に過ぎないと考えていますが、もし長い年月をかけて生物が進化することがあるとすれば、人間も変化するのではないかということになります。それを進化と呼ぶかどうかは別として、もし、発達障害がひとつの変化だとすれば、その注目すべき点は、共感性の乏しさと道具や非生物との親和性です。

一般的には、ホモサピエンスからヒトになり、ヒトがヒトを生み出し増えて行く中で、生まれて間もないヒトは親の感情や考えを察知しなければ生存に関わるので、親や周りのヒトのいわば心を識別、認知するよう努力するでしょう。親が自然災害を予測し恐れいましも逃げ出そうとしていることを察知しなければ、逃げ遅れて死ぬかもしれません。また何人かで狩りをする時に、周りの人が何を考え自分に何を求めているのか察知できなければ、猛獣に襲われて死ぬかもしれません。それが進化し、「相手の心を読み取る」ことが本能のように考えられるようになったのでしょう。

しかし長い年月が過ぎ、自然の脅威から少しは安全に生きることができるようになり、相手の心を読み取らなくても、生存が脅かされることが少なくなったとしたらどうでしょう。そして環境は人工物に囲まれ、相手の心を読み取ることではなく、人工的な道具をうまく使いこなす、利用することが、生存に有利になったとしたらどうでしょう。生存に必要なのが、道具であり、それをうまく使いこなすことになったとしたらどうでしょう。

発達障害児の中に、クレーン現象という特徴的な行動をする子がいます。物を取りたい時に、自分から手を伸ばすのではなく、母親の腕をクレーンのように使って取らせようとします（平岩幹男、２０１２『自閉症スペクトラム障害―療育と対応を考える』岩波新書12～13ページ参照）。心を読み取るよりも、道具として使おうとします。

道具は、一般的には、人工的なものです。実物をすぐさま、生で体験することではありません。実物に直接ふれなくとも、生存には関係ありません。むしろ安全です。発達障害児は非生物的な興味を持つ傾向にあると言われています。そこいらの虫よりも、電車や車のほうが好きなようです。するとパソコンやゲームは格好の道具です。自分は何ひとつ実際には触りませんが、操作することによって、プログラムの範囲内ですが、変化してくれるからです。

人として他者の心を考えることではなく、道具を操作することが重要になったとすれば、それは進化でしょうか。

社会的な変化として

とは言え、進化の話は数億年の話ですから、ヒトが現れて高々数万年の間で、そうそう起こるものではありません。突然変異ということもあるかもしれませんが、私が勝手に想像するに、もともと10％くらいは自己完結的なクロマニヨン的なヒトがいたのではないかと思います。

たとえばですが、すべてが同じような遺伝子のヒトであれば自然の激変や不測の事態には生き残れませんから、違うタイプの人もいたとしても不思議ではありません。そうだからこそ、いろいろ面白いことも起きて来たのではないかと思います。

しかし時代は変わって、産業革命から道具の利用は目覚ましい発展を見せ、産業機械や通信機械、道具を上手に使える人が社会で有利になってきました。そして現代、コンピュータ時代になるとそれは決定的なことになりました。

いまや、すべての働く人にコンピュータリテラシーが求められています。コンピュータをうまく使いこなせる人が有利で経済的にも豊かになって行くとすれば、そのような人は結婚、生殖の機会に恵まれ増えていく、ということになります。

道具の操作性に長けた人が変化してきたのはここ１００年、２００年のことです。進化かどうかは別として、社会的な変化としては十分あり得ます。それが共感性の乏しさにつながって行くのは、道具の機能ということでしょう。道具の本質は機能です。機械化、システム化は、閉じられた想定の中での、計算可能性、予測可能性です。その中では、すべてが計算可能なもの予測可能なものとして、思考の中に現れます。それらが可能なのは一定の閉じられた思考空間においてであるということが忘れられていきます。一定の思考空間は頭の中の世界であり、それが自分の思考そのものになっていきます。

そして現代は、何を計算し予測するかというと、経済でありお金です。経済的有用性が重要になります。すると他者は、有用性や経済性で測る対象になります。自分と同じような人間であるという意識と離れていきます。他者を機能として測ることに違和感がなくなってくると、他者への共感性は薄れてきます。道具の操作性と他者との共感性は、表裏一体になっている感があります。他者を道具のように、機能として考えると、人としての共感性が薄らいできます。これは危うい問題です。

そういえば心当たりが

最近は結婚してもストレスが多いです。テレビ番組で、不満を感じている人の第1位は男女とも配偶者だったというのがありました。どうしてでしょう。いまやジェンダーの元となる性的役割分業は悪者扱いされ、男女平等となると、お互いがお互いに益となるように望んでいます。

ケアしてくれること、お金を十分持ってくること、快楽を与えてくれることなど、お互いがお互いに望んでいますが、そううまくいきません。してくれるべきでしょ、という不満がお互いに渦巻いているのかもしれません。きつい言葉で言うと、それぞれ相手を自分の道具としたいのかもしれません。

一方的にケアや快楽を求められるのは、時間限定的な親子関係のみです。それ以外に、永続的に相手をケアや快楽を与えてくれる対象と考えるのは無理があります。それも、お互いにであれば、収拾がつかず果てしないパワーゲームになってしまうでしょう。

人は、それぞれにおいて道具なのでしょうか。

夫婦の話で、どうもわからないことがあります。昔、ドリフターズのコントで、忘れられないものがありました。瀕死の妻を前にして、夫が「死ぬなー死ぬなー」と言っています。そして「そうだ！　ご飯を作れ、そうだ！　チャーハンを作れ」と妻を起こし、妻はフラフラになってチャーハンを作り、倒れます。すると子どもたちに、「母ちゃんの作ってくれたチャーハンだ、食え、食え」と倒れた妻の横で泣きながら食べているシーンで終わります。

そしてまた昔のことですが、病院で妻が余命いくばくもない病気だと告げられ、夫はひどく動揺し、「お気持ちはお察しします」と声をかけたところ、「ボクの、ご飯は……」と泣きながら言いました。余命いくばくもない妻よりも自分のご飯のほうが大事なのでしょうか。

いまはどうかわかりませんが、夫が妻を愛しているとすれば、その機能を愛していることになるな、と思ってしまいます。もしくは自分が相手に何かしてもらっているのに、自分が愛していると思っているのなら、倒錯的な事態になってしまいます。愛しているのかもしれません。もし愛しているとすれば、この愛は道具的愛着かもしれません。

また、夫が臨終の床で、妻は病院に呼ばれましたが、すぐに相談室に駆け込んできて「お父さん死んだら、年金はどうなるの!?」と聞いて来ました。妻のほうが現実的です。

そう言えば、一時は結婚相手の希望に三高という言葉がありました。高学歴、高収入、高身長です。女性にとって結婚は経済的意味合いを持っていたので、そういうことにもなるのでしょうが、相手に求めているのは機能です。

これらは30年ほど前のことですから、相手を機能として見るというのは、いま始まったことではないのかもしれません。ただそれが、機能、働きではなく、物として見、共感性の乏しさにつながってしまうところに、現代的な進展があるのだと思います。

他者の不在

道具は、自由意志を持った人格ではありません。

道具は、その機能が限定的で、使用し操作する対象です。不具合や故障はあるかもしれませんが、自分の考えの中にある、想定内の物体です。自分の手段の延長線上にあるものです。

しかし他者は、基本的に自分の想定内にあるものではありません。自然や生物、動物ですら、そうです。自分で育てている花や野菜でも、自分の思い通りには行かず、飼っているペットも時に驚くようなことをします。ましてや、人間であれば尚更です。自分の想定外の存在、自分とは隔絶しつつ、なおかつ自分と同じように人格を持った存在です。

他者は、道具ではありません。

学生時代、倫理学の教授に、講義が終わった時一人の学生が「先生、他者とは何ですか？」と聞きました。教授は振り向きざまに「自己を否定するものです」と答えました。

他者の存在を認識するのは、たとえば失恋。自分の思い通りにはいかない存在を、悲しみと深さをもって知る。また社会に出た時の壁。自分は甘かったと思い知らされる。それは普通のことでした。

しかしいまは、他者の認識は異常なこととしてとらえられるかもしれません。発達障害の特徴のひとつに、他者性の欠如が指摘されていますが、発達障害の専売特許ではないかもしれません。ストーカーや動機のよくわからない殺人など、目の前にいる人間に共感することもできないし、自分の想定内の存在だと当然のごとく考えているのかもしれません。

他者の存在は、自分の痛みなしには認識できません。痛みを持って他者を知る時に自分もわかり、共感できるものを見出していきますが、いまや、そんなことを論じる時代でもないのかもしれません。

ＳＦで、ＡＩが高度に作られたのち自由意志を持って行くというテーマが、繰り返し出てきます。道具が道具ではなく、他者になって行く逆説、道具が高度になればなるほど根源的な不安を感じるのかも知れません。そういう意味でも、やはり一般的には、他者は常に存在し、その前提が脅かされると違和感を持つのだと思います。

仕事の機能と人間性

発達障害の人の個人的なことを言っているのではありません。発達障害の特性につながる現代の特徴を考えました。

人を機能として考えるのは、特別なことではありません。産業社会における、まさしく職場は、その人の労働力、機能をまず問題とします。物質に作用する機能であれば、機械と変わらないわけですが、人間の労働として身体作業的機能と精神作業的機能が考えられます。これまで見てきたように、一般的な会社員には精神作業的機能がより多く求められます。それらによって、その人の機能、働きが評価されます。

ある日、定食屋さんでお昼を食べていたら、隣の女性二人が会社の話をしていました。仕事ができない男性社員に上司が「あなたの市場価値は低いのよ！」と言ったというのです。彼はそれに「オニッ！」と言っていたと、笑っていました。確かに、人を経済価値で換算するなんて、人ではないかもしれませんが、ついに人にも値段がついてしまうのです。

身体的作業も精神的作業も含め、労働に供する機能とは別に、機能には還元されない、一人ひとりの固有の価値、存在があるということが、意識の根底にあります。いまこうやって働いているけれど、これがすべてではない、その機能や経済で測られない、外側から見えない自分がいるし、相手もそうだ、それが他者です。そう仮定し、仕事をしていますし、それを認めてもらえないと、つらくなる。人間的な違和感につながるのだと思います。

発達障害の人は、相手の見えない部分を認める以前に、自己の考えや感覚で完結してしまいがちで、周りの人は違和感を抱いていきます。周りの人の、自分は認められていない、否定されているという思いです。これらを強く感じる人と感じない人がおり、近くにいて強く感じる人は、反応を起こし、拒否感、嫌悪感につながって行くのでしょう。

これは、表に現れない意識のせめぎ合いです。機械化、システム化に順応する意識と、従来的な存在論的な意識です。労働の現場では人間も労働の価値として機能を求められているのに、おもに精神作業的機能が求められる。社会性を求められる仕事と他者を認識する意識があるのに、機能としてしか見られないというパラドックス。また発達障害の傾向がある人は、他者の認識よりも、仕事は自己完結した作業のように思っていたかもしれませんが、より社会的、人間的なことを求められ困惑していくパラドックス。どちらにしても、現在仕事をしていくことが、機能や貨幣価値が自分に向けられつつ、社会的な調整をしなければならない、人間性がすり減るような状況に置かれています。

発達障害の傾向がある人も、この矛盾した状況にぶつかります。それは、これまで見て来た仕事ができない、周りの人とうまくやれないということですが、彼らはその時、壁にぶつかります。他者を認識するかどうかはわかりませんが、これまでの自分を受け入れてもらえない自分の外部の何かを感じるでしょう。

また自分では自分をコントロールできない生身の人間であることに気づくかもしれません。それはかなりの衝撃で、自分を否定する状況、いままでの自分が否定される経験で、かつ仕事ができないという否定的な評価を伴っています。それをなかなか認めない人もいますが、仕事がうまくできない時、職場での機能の評価は動かし難いものです。

そのため、彼らが初めてメンタルクリニックを訪れる時は、もれなく抑うつ状態、いまの言葉では抑うつ障害です。話を紐解いていき、発達障害の傾向によってそのような経緯になったのだな、とわかります。うつ状態のほかに不眠やパニックや胃腸症状などさまざまな症状を来たし、きびしい状態のこともあり、一見何の病気なのかわからない時もあります。彼らは自分の世界が崩れてしまったのです。

この衝撃のせいか、発達障害の傾向がある人は、働けないという事態に直面すると、比較的早期に退職する傾向にあります。新卒者の早期の退職の一因を担っているのかもしれません。その後、自分の発達障害の特性を知っていき、自分は何をどんなふうにしたら働けるのか模索していきます。

Ｔｏ ｄｏリストを作り時間の管理をする、物の在りかの住所をつける、複数の課題を一緒にしないようにするなど行動としてのノウハウは学ぶことができますが、不確実で不安定な他者の認識はなかなか育ちにくいです。

継続的なコミュニケーションを通じ、認識や理解の違いを指摘し続けなければなりませんが、大人になると難しさがあります。子どもの時からの働きかけが重要になるのでしょう。

第8章　働けないことは障害なのか

発達障害の傾向が精神障害になるまで

大人の発達障害と言うと、発達障害がもともと持っている特質と考えられているので形容矛盾のようですが、なぜ大人になってからわかるのかという点に関し、ヒントになる資料があります。

ＡＳＤの診断基準の中に
「症状は発達早期に存在していなければならない（しかし社会的要求が能力の限界を超えるまでは症状は完全に明らかにならないかもしれないし、その後の生活で学んだ対応の仕方によって隠されている場合もある）」
（日本精神神経学会（日本語版用語監修）、髙橋三郎・大野裕監訳、２０１４『ＤＳＭ‐５精神疾患の診断・統計マニュアル』医学書院　49‐50ページ）

それはＡＤＨＤの人にも言えると思います。落ち着きのなさや忘れ物を小さい時から注意され本人も努力し、大人になるころにはあまり目立たなくなってきている人がいます。

大人の発達障害は、直截に言うと、この社会的欲求がその人の限度を超えた時に明らかになって来た状態なのではないかと思います。これまで限度を超え、社会的な軋轢の生じている様子について見てきました。そしてその社会的要求は、仕事の特徴であることがわかりました。少しまとめる意味で、仕事に就いてから発達障害の傾向が明らかになり、診断されるまでの経過を戯画的に描いてみます。

大学卒業までは大きな問題もなく過ごし、就活も勝ち抜き、それなりの会社に就職しました。入社まもなくから発達障害の傾向が少し見えるようになります。周りの人は内心少し驚きますが、特に口に出して言うようなこともなく、それなりに研修も過ぎ、配置につきます。

そのうち不協和音が生じてきます。感覚の敏感さやこだわり、それらは理解や処理能力、仕事の遅さになって現れます。また遅刻や忘れ物など直接支障をきたすこともあります。たまには会議中寝てしまったり案件に穴を開けたり、決定的なことをしてしまうこともあります。

周りの人もはじめはカバーしてくれても、だんだんカバーしきれず、注意されたり叱責を受けたりすることが多くなります。

そうすると次第につらくなり、職場に行きたくない、あるいは行けなくなる、不眠や頭痛、胃腸症状、パニックなどの精神症状が出てきます。仕事がうまくできない、それに伴って職場の人間関係もつらくなる、つらい思いと精神症状で、精神科を受診します。すると発達障害と診断されました。通院し症状は少し軽減しますが、いままで仕事がうまく行かなかったのは発達障害の特性であるとわかり、これ以上この職場にいるのはムリだと思い、退職しました。

退職後、通院を継続し発達障害のプログラムを受け、精神障害者保健福祉手帳も取得しました。そして今後は、就労移行支援事業所を利用し障害者就労を目指すことにしました。

大人の発達障害として症状あるいは障害状態が明らかになるのが、社会的要求が限度を超えるかどうかであるとすれば、社会的要求の度合いに依存していることになります。いついかなる状況においても障害であるということではなく、障害としての絶対的尺度が存在しないことになります。逆に言うと、社会的要因によって精神障害になることになります。

「社会的要求が限度を超える」というのも、発達障害の傾向の個人差と社会的要求の程度によります。発達障害の傾向が強い人は社会的要求が小さくても症状が現れてしまうでしょうし、発達障害の傾向が少ない人はかなりの社会的要求にも耐えているでしょう。

中高年でそれまで技術系の仕事をしており、年配になったので事務系に異動になり、うまくいかず精神症状が出てくる人がいますが、よく聞くと発達障害の傾向があったりします。申し訳ありませんが、いまさら発達障害のプログラムを利用して障害者就労を目指しましょうということには、おおよそなりません。抑うつ障害のリワークなどを利用し、職場と仕事の内容の調整をしながらなんとかやっていくというのが現状です。

若者の場合、ドラスティックな状況になるので、大人の発達障害として注目されます。

また、目立つのが事務系職種という特徴もあります。先にふれたように、高度な社会性をタイトに要求される職種です。人材を育てるのは先行投資ですから、適合しない場合は早期に結論が出されるでしょう。経済は低調で利潤を出すのも大変ですから、相変わらず戦場のような働き方です。戦力を維持するために、故障者、不適応者は逸脱になり、淘汰あるいは排除されることもやむを得ないかもしれません。

しかし、異動や転職のような結論ではなく、精神障害と認識されていくことが、これでいいのかな、と思ってしまいます。

精神障害の社会的な側面

精神障害あるいは精神疾患は、社会的な側面と切り離せません。精神病、精神疾患は確かにあり、その人の精神内界の苦痛や苦しみは確かにあります。それは周りの人からは理解しにくいので、集団や社会からさまざまな反応を引き起こし、さまざまな対応がなされました。聖書の昔から、精神を病んだ者は荒野に追いやられていました し、日本でも座敷牢に入れられたりしていました。

しかし反面、シャーマンや巫女のように超人的な力として社会に受け入れられることもあります。一般的な理解を超えたもの、一般社会からよくても悪くても逸脱した存在であるとみなされてきました。

またその逸脱が社会を脅かすものと思われることもあり、社会防衛的観点から施策が講じられました。精神疾患については、逸脱と社会防衛的な観点というふたつの社会的側面があります。

明らかな精神疾患としては、他覚的にも、本人の自覚的にも、症状が理解され治療対象として考えられます。症状があり病気であるいう状態が先行し、治療後の状態として残ったものが障害と理解されます。発達障害のように、社会的な要求の程度によって症状が発現するならば、その機序は従来のようではなく、社会的な要求によって現れた症状や状態が社会から逸脱しているとみなされるということになります。

どんな逸脱でしょうか。

直接的に言うならば、産業社会からの、働けないという逸脱になります。穿った見方をすると、どんな社会を防衛しようとしているのかというと、産業社会を守ろうとしている、労働の場である会社や職場を防衛していることになります。

大人になってから発現する発達障害は、目で確かめたり計測したりデータで比較し判断できるような障害ではなく、社会的な機能としての障害、状況依存的な障害ということになります。それも精神作業の高度な要求からこぼれる障害です。そうすると、果たして働けないということは、障害なのかという問いにぶつかります。

多分、生来の、知的障害を含む神経発達症のひとつとして、発達の凸凹の度合いが大きい発達の障害というのはある、と考えられます。それは、社会的な脈絡以前に、障害として考えることができるものだと思います。

しかし社会的な背景や要因により、その自閉的な傾向を軽減するよりも増幅するように作用し、社会に出るまでは是正されることがなく来てしまった結果のように思います。このきびしい産業社会だとはいえ、働けないことが障害になるのでは、あまりに閉塞的です。勉強が第一の価値であったように、働くことが第一の価値のようです。それもメインは、雇用される事務系職種です。現在そのような仕事に人気があるのも事実ですが、働くことの幅が狭いのです。そこで働けないことが障害で、それを逸脱とし仕事社会を守ろうとするかのようで、気が重くなります。

ある就労支援担当者から聞いた話ですが、知的障害と発達障害が重複している若者がN家具店に清掃の障害者雇用で採用になりました。

ところが清掃の仕事がなかなかできない。清掃は思う以上に難しい仕事で、この床にはこの洗剤でこのモップ、この棚にはこの洗剤でこの布、細かな決め事があり、しかも開店前の決められた時間までに終わらせなければなりません。「あぁ、ダメかな……」と思っていたそうです。ある日、彼は店の奥の組み立ての部屋をじーっと見ていました。中の社員が「やってみるかい？」と声をかけてくれ、やらせてみると、できる。店の厚意で組み立ての仕事に異動してくれることになり、彼は仕事を続けることができました。

適性に応じた職業選択の重要性ということになりますが、希望職種や内容に偏りがあり、働くことの幅が狭ければ、仕事ができないという事態は増えていきます。本来的には、働けないことと障害は切り離して考えなければならない、そうしないとその人のプラスの面も見えてこないのではないだろうかと思います。

第9章　閉塞感を超えて

再び、人間関係として

職場において、発達障害の傾向があり就労が難しくなり悩む人と、発達障害の傾向がある人によって悩み傷つく人がいる、というこの事実に始まり、発達障害の理解、職場における状況、その社会的背景、一歩踏み込んで発達障害の特質に通じる他者の問題、また発達障害の社会的扱いについて考えてきました。

職場で、発達障害の傾向がある人と出会っても、障害とは同定できないことは繰り返し述べてきました。障害者雇用ではないので支援のしようがないことにもふれました。

また発達障害の傾向がある人によって悩む人も、ほかの人にわかってもらえない、何に悩んでいるのか伝えられないつらさ、相手の強さに決定的に〝勝てない〟と思ってしまう状況もありました。双方、心理的なセンシティブな側面もあり、共有しづらい、解決しづらい閉塞感があります。ともに病んで行く可能性があり、ともに職場を去る可能性があります。

この閉塞感は、人に対してはセンシティブで対話をするには臆病で、その割には無防備で、攻撃できない、何もできないという昨今の風潮も関係しているのかもしれません。しかしその反動か、どこかで爆発したり、関係修復よりもあきらめてすぐ辞めたりします。

先に、このような状況で障害者雇用としての配慮を求められても難しいということは述べましたが、そのあたりの前提はあまり考慮せず、発達障害の理解や配慮が推し進められているように思います。

また一般的な感情として、障害があるのであればそれに対応しなければならない、精神障害もうつ症状をはじめとし、誰しも精神的に不調になることもあり、周りの人の思いやりも大切だと思うかもしれません。それは大切ですが、常に気を配ってあげる、配慮してあげるには限界があり、また深く関わることによって自分のバランスを崩すこともあります。

また逆に、自分は障害があるのに周りの人は配慮してくれないと言う人もいます。

障害者雇用で入職して、もめる点でもあります。

基本的には職場の人間関係ですから、気を遣う、気を遣われる、配慮する、配慮されるということには、限界がありますし、そんなことはずっとは、し続けられません。配慮や援助、支援には、この「する‐される」という関係が出てきますが、それは当然の権利として求められるものではありません。権利として訴える時には反射的に義務を負うものを想定しています。それはどこまでも要求できるものではなく、社会的な、福祉的な同意として存在します。

そのため障害者雇用においても、合理的配慮という表現をしています。双方の合意のもとに、就労するにおいて合理的な配慮は何かという問題で、「する‐される」関係が当然そこにあるからということではありません。

ましてや、障害かどうかわからない時点で、そのような関係性にはムリがあります。私があえてこの点にふれるのは、ただでさえ閉塞感のある関係なのに、妙な義務感を負わせてしまうのではないかと思うからです。

正しく、やさしくしなければならない、それがよいことだという風潮も、またありますが、人はそれほど強くもない。高齢社会になって介護が過重になり悲惨な状況が続き、介護保険に至った経緯もその通りです。「する‐される」関係に固定されることは、現代社会において難しい、そのことを踏まえ福祉社会的な合意を形成するのが成熟した社会と言われるのでしょう。

そのことのためにも一元的な［する‐される］関係に呪縛されることなく、事実を事実として見て行かなければならないのではないかと思います。

発達障害かもしれないという漠然とした懸念や不穏な胸の内にとらわれず、職場の人間関係として、意思を伝えていければいいなと思います。コミュニケーションという言葉は、仲よくするという意味ではなく意思を伝えるという意味ですから、別に無理して仲よくする必要はありませんが、自分の思っていることを伝える人間関係からスタートできれば、お互いの傷はもう少し浅いのかもしれません。

もはや、インクルージョンできない

障害児教育が世に出た時、統合教育という言葉が使われました。統合、インテグレーション（integration）、人種的統合など、さまざまな異なる人を一緒にしていく、それで何かをしていくという考えです。

次に、インクルージョン（inclusion）という言葉が用いられるようになりました。包含、包括、算入という意味ですが、社会的に異なる存在を包含していくということにもなります。基本的に包含されるほうがマイノリティで、包含するほうはマジョリティです。そして包含するほうは、常識や規範、一定の価値のもとに自明のものであるから、包み込む、算入するという考えが成り立ちます。

いまは多様化の社会と言われています。一定の価値のもとに自明であるもの、社会的基盤があるのかという問題になります。あると思っている職場の社風や常識、それらが通じない状況になってきており、あると思って要求すると、若者がばらばらと職場からこぼれて行く時代かもしれません。

包含するほうが、もはや一枚岩ではない。大きな論理や世界観に立脚し、現状を理解できる時代は過ぎ去ったようで、それをもとに相手に何かを求めることができるのか、難しくなってきました。インクルージョンできるほど、足元はしっかりしていません。

発達障害の傾向も、これまでの想定を超えているので、問題になるのだと思います。インクルージョン、包含できるのは、包含するほうがある程度想定できるものです。発達障害の傾向として目の前に現れて来た時に包含することは難しく、障害者雇用としていわばリセットされなければ、職場としても包含できません。

いま問題としているのは、発達障害の傾向として現れて来た時であり、人間関係として精神的不都合を生じさせてしまう時です。その時点でインクルージョンではない。もしかすると、時代的にもインクルージョンは限界なのかもしれません。

異なる人とともに、病まずに、生きて行くにはどうしたらよいか

発達障害の傾向がある人も周りの人も、悩み傷つき病んで行くというのは、事実で、事実としてお互いさまとしか言いようがない。発達障害の傾向がある人が事実なら、周りの人も事実です。そして、お互いがお互いにとって、異なる人であるというのも事実です。

日本人は自分と異なる人というのに抵抗があるかもしれません。多様化の社会というのは、多分そういうことで、自分とは異なる人と出会うことです。自分とは異なる考え、感じ方、ものの言い方、人としてのあり方です。

しかし、そのような人がいるのは事実であり、日本人同士であっても、自分と異なる人がいたとしても当然です。見た目は違わないのに異なる人と考えられないかもしれません。でも違うし、事実を認めることからしか始まりません。

卑近な例で申し訳ありませんが、私が東京で働き始めた時、周りの人から些細なことで驚かれました。私は北海道の出身で、大体が大雑把で、電車の空き席を素早く見つけることもできませんし、結果オーライで「なんも、なんも、そんなこといいよ」

と言ってしまいます。笑われたり面白い人だと言われたりしましたが、面倒なので「私、外国人だから」と言っておきました。津軽海峡を超えたら外国です。するとあきらめてくれます。

日本の中でも、身近な人にも、自分と異なる人はいるのです。

発達障害の傾向がある人も、あるいは発達障害の傾向がある人からすると周りの人も、自分とは異なる人です。

その差異を議論しても始まりません。なにしろ、その大きな前提がもはやないのですから、内的な一致を目指してもつらくなるばかりです。

私はずいぶんこのことについて悩みました。他部署の部長で、思ったことを口に出し、スタッフを傷つけたり落ち込ませたりする人がいました。仕事上関係があったので見ていてもつらいなと思い、そんなことがあったら次は絶対何か言ってやろうとずっと構えていました。ついにそのチャンスが来て「なんてひどいことをおっしゃるのですか！」と言いました。すると返って来た言葉は「ひどいかーい？」でした。拍子抜けしたのと構えていた時間の徒労に、これじゃだめだなと思いました。

考えた挙句、自分の想定外の反応や状況に出会った時、驚いているのをぐっとこらえてしまうのがよくないのではないか、前述したように、ほとんどの人は驚いていることを表に出しません。呆気にとられ、何も言えないうちにその場が過ぎるというのもよくあります。

なので、とっさにできるのは、驚くくらいです。「えっ?!」だけでもいいのですが、驚いて、自分には意外だ、あなたと違う、ということを発信することからだなと思いました。自分と異なることを認めることは、排除することでも差別することでもありません。むしろ、あなたと私は同じ地平にいて、反応しているということです。

そしてもう一歩進んで、笑いに転化できれば、ブレイクスルーできるかもしれないと思いました。ギリシャ、ローマの時代は、哲学が笑いについて真剣に考えてきたとのことですが、近代ではベルクソンが笑いについて論じているくらいです。（H・ベルクソン（１９００）　林達夫訳　１９３８年　『笑い』岩波文庫）

笑いは生活環境や文化的状況がある程度同じでなければ難しいですし、ベルクソンにおいては何を笑うかによって社会的な、統制的な意味もありました。しかし、笑いはがんじがらめの現状から一歩退かせてくれますし、人間関係のことですから大体どこかちょっとおかしいということにも気づかせてくれます。もし、異なる点、差異を笑うことができれば、違う結果を導き出せるかもしれません。

落語の中のご隠居さんはもういませんし、「何言っているの？　ばっかじゃないの！」などと言うとハラスメントで訴えられます。しかし職場で実際起きていることの始まりは、人間関係です。相手も自分も同じであるというところから、正直な反応から、始めることが、ひとつのカギかもしれないと思います。

おわりに

自閉症的な発達障害が顕在化したのはここ2、30年のことです。その原因が明らかになる前に、社会的な現象として、また社会的な障害像として現れてきました。昔から知的障害は存在し、自閉的傾向があっても知的な発達の遅れがある場合は、知的障害と認識されていました。

ところが、この自閉的傾向が広範に認められるようになり、一般的な知的障害を認めない人々にも存在することが認知されるようになってきました。そして学校時代までは問題にならなかったのに、就職し、高度な社会性を求められると問題化する一群が出てきて、大人の発達障害と呼ばれるようになりました。

職場の現象としては、発達障害の特性が顕在化してきて本人も悩みますが、周りの人も反応を起こします。困った状況が起きているまさにその時には、大人の発達障害への対応の説明や勧めは、ほぼ功を奏しません。両者ともに、つらいまま過ごすか、精神科の受診や休職、退職に至る状況でした。そして発達障害として認められても、何らかの工夫で就労が継続されるのはまれで、退職し、その後障害者雇用としての、いわばリセットになることもわかりました。

社会的要因を考えてみますと、大きな時代の流れがあり、産業革命から資本主義の進展に伴い、道具から機械、そしてコンピュータ時代になりました。コンピュータに代表されるシステム的発想が自己完結的な思考を定着させていったと考えられます。システムはそのシステムが想定する世界の中で構築されているということを、意識しなくなります。人間自身もシステム的な考えに慣らされていきます。

昨今は夫や妻に対しての「トリセツ」が流行っています。もちろんシャレだと思いますが、人は家電製品ではないので、取扱説明書に書いてある通りに取り扱うことが正解ではなく、書いてある通りに操作して動かなくとも故障ではありません。しかし機械を人間に当てはめていくことに抵抗が少なくなっているようで、それはすでに閉じている自己完結的な物のイメージに違和感のないことを物語っています。言うなれば、自閉的な世界です。

しかし反面、人間の社会はテクノロジーの発展とともに、より相互依存的になっています。社会は分業の束によって生活が成り立っていますので、物自体、消費自体、自己完結するということはありません。

たとえば、手のひらの万能物であるスマホも、電波塔が倒れれば圏外になるし、充電できなければただの小さな機械です。コンビニでいつも手に入る食物も、道路が寸断されれば届きません。このカップ麺も実はトラック輸送のガソリンなのではないかと思うくらいです。

近年多発する自然災害は、自己完結する社会は幻で、細分化されている分業によって、多くの人によって、相互依存的に、奇跡的に成り立っているだけだと思わされます。自己完結的な、システム的な世界は、人工的な集合によって成り立っているのであり、何もせずに、自然に享受できるものではありません。

このようなシステム的発想と実際のギャップの最たるものが、教育と就労でしょう。いまのところ教育はシステマティックに、紙の上の点数によって評価しますが、就労はまったく違う尺度です。そこに大きなギャップがあります。より自閉的に、より現代教育に適応してきた若者が、まったく違う社会的な性質を求められる就労に直面した時、対応できないという事態になるのでしょう。

大人の発達障害は、きわめて現代的な病気で、資本主義の曲がり角の時代に〝発見された〟と言っても過言ではないと思います。まだ明らかになっていないことも多いですから、施策にも試行錯誤が続いていると思います。職場という現場では、情緒的、倫理的、人間的葛藤が生まれ、精神症状的反応を伴いながら、就労継続の危機を生み出しています。

いまは過渡期だと思いますので、決定打はないでしょう。現代社会を考える大きな理論や前提は崩れつつあり、多様であるということはそれぞれがそれぞれにとって事実である、ということしか確かではありません。自分には知り得ないことがあるということであり、自分にとっても相手にとってもそうであり、自分が首尾一貫しない、変わっていくものであるとすれば、相手もそうです。

しかしながら、平たく言うとスタートは人間関係ですから、悪意をもととしないストレートな対応と、人間の社会の愚かさをちょっと笑いに変え、少しでも風通しがよくなるといいなと思います。

●参考文献

林　洋一監修、２０１０『史上最強図鑑　よくわかる発達心理学』ナツメ社

日本語版用語監修日本精神神経学会　髙橋三郎・大野裕監訳、２０１４『ＤＳＭ-５精神疾患の分類と診断の手引』医学書院

こころの科学『ＤＳＭ-５対応　神経発達障害のすべて』２０１４　連合大学院小児発達学研究科・森　則夫・杉山登志郎編　日本評論社

森則夫・杉山登志郎・岩田泰秀、２０１４『臨床家のためのＤＳＭ-５　虎の巻』日本評論社

日本精神神経学会（日本語版用語監修）、髙橋三郎・大野裕監訳、２０１４『ＤＳＭ-５精神疾患の診断・統計マニュアル』医学書院

星野仁彦、２０１０『発達障害に気がつかない大人たち』祥伝社

仲正昌樹、２００６『集中講義！日本の現代思想　ポストモダンとは何だったのか』ＮＨＫブックス

丸山俊一＋ＮＨＫ「欲望の時代の哲学」制作班、２０１８『マルクス・ガブリエル

欲望の時代を哲学する』 ＮＨＫ出版新書

マルクス・ガブリエル、清水一浩訳、２０１８『なぜ世界は存在しないのか』 講談社選書メチエ

関敬吾編、１９５６ 日本の昔ばなし（Ⅱ）『桃太郎・舌切り雀・花さか爺』 岩波文庫

平岩幹男、２０１３『自閉症スペクトラム障害 ― 療育と対応を考える』岩波新書

Ｈ．ベルクソン（１９００）、林達夫訳、１９３８『笑い』 岩波文庫